HUMILDAD
LA BELLEZA DE LA SANTIDAD
Rvdo. Andrew Murray

Título Original

HUMILITY
THE BEAUTY OF HOLINESS

Traducido al español y con anotaciones
Dra. Beatriz Schiava M.D., M.T.S., M.A.

St. Louis, Missouri

ANCIENT CHRISTIANITY PRESS
2016

Título: Humildad: La Belleza de la Santidad
Autor: Rvdo. Andrew Murray
Obra editada, traducida y anotada al español:
Dra. Beatriz Schiava MD., MTS., MA.
Libro publicado por: Ancient Christianity Press
Una división de Ancient Christianity & Amittai Press. L.L.C
St. Louis MO. U.S.A. www.ancientchristianitypress.com

Humildad—Cristianismo. Teología—Religión. Virtudes Espiritualidad.
Biblia—Jesús Cristo. Crecimiento–espiritual. Cristianismo–Evangelio.
Meditación–Cristiana.

Library of Congress Control Number: 2015943613

ISBN-13: 978-0692466476
ISBN-10: 0692466479
E-Book ISBN: 978-0-9965673-0-5
E-Book ISBN: 0-9965673-0-5

Primera edición: Junio 11, 2015. Revision: August 29, 2016
St. Louis, MO. U.S.
Imprimido en los Estados Unidos de Norteamérica
10 9 8 7 6 5 4 3

¡Señor Jesús!

¡Que nuestra Santidad sea perfecta humildad!

¡Quieras tú, Señor, que tu perfecta humildad

sea nuestra santidad!

ÍNDICE GENERAL

APÉNDICE

PRÓLOGO

El Reverendo Doctor Andrew Murray nació en Mayo de 1828 en Graaff Reinet, Sudáfrica en el seno de una familia cristiana. Su padre, fue un ministro de la Iglesia Reformada Holandesa. El Reverendo Murray decidió seguir los pasos de su padre y estudiar teología en la Universidad de Utrecht, en los Países Bajos, Holanda, donde nació de nuevo a los 21 años, y se dedicaría de corazón a Jesús. En una carta escrita a sus padres, les narra cómo había nacido de nuevo en Cristo, y como se había entregado a Cristo.

El Rvdo. Murray fue un infatigable y prolífico autor de más de 200 libros cristianos que se siguen leyendo alrededor del mundo, y cuya popularidad han pasado la prueba del tiempo. Fue también el Rvdo. Murray fundador de varias instituciones educativas y se distinguió por su trabajo social y humanitario. El Rvdo. Andrew Murray murió el 18 de Enero de 1917, a los 88 años de edad.

Entre los libros más leídos que el Rvdo. Andrew Murray escribió esta su libro, "Humildad: La Belleza de la Santidad," por su gran espiritualidad cristiana, belleza, y su detallado estudio de la humildad para encontrarnos con Dios. En verdad, es esta obra, una joya de la literatura cristiana, que pone de relieve a la humildad, como la madre de todas las virtudes, indispensable para el gozo de la vida cristiana y para nuestra relación con Dios.

El Rvdo. Murray escribió que la "humildad es el lugar de completa dependencia en Dios, y es por la misma naturaleza de las cosas, el primer deber, la más grande virtud de la creatura, y es la raíz de todas las virtudes." [1] Ciertamente, sin la virtud de la humildad, la vida cristiana no puede florecer. La virtud de la humildad, es el punto de encuentro con Dios, que por su gracia transforma y viste a la creatura de la humildad del Dios trino y uno. El Rvdo. Murray nos lleva a descubrir en la disciplina de la humildad, la perfecta y gozosa transformación del hombre a imagen y semejanza de Dios. El único deber del ser humano es buscar ser humilde en todo y dar gloria a Dios, y lo demás, se le deja a Dios, que él cuando lo considere oportuno, exaltará a la creatura.

El Rvdo. Murray escribió este libro no como un tratado exegético, o una Cristología que va más allá de nuestro alcance. Por el contrario, el Rvdo. Murray escribió el libro, "Humildad: La Belleza de la Santidad," como una guía práctica para el lector, para encontrarse con Dios en la humildad, y vencer con la ayuda de Dios, al orgullo, el enemigo de nuestra amistad con Dios. De esta manera, el Rvdo. Andrew Murray nos enseña e ilustra, la virtud de la humildad con la vida y ministerio de Jesús Cristo. Jesús es el humilde siervo, que bajó del cielo para nacer en un humilde pesebre, que mostró en todos sus actos y en su ministerio, el servicio humilde y fiel, primero a Dios, y después a los seres humanos.

La humildad de Jesús Cristo exalta al Padre, en palabra, obediencia y santidad.[2] Es la humildad del siervo fiel, que ama al Padre y al género humano, la que vence el miedo a la tortura, al dolor físico y espiritual y a la muerte. Jesús, el hijo de Dios, muere en la humillación más absoluta, con la vergüenza de la desnudes, como un criminal infame y enemigo de su pueblo, paupérrimo, quien siendo inocente es acusado falsamente. Y sin embargo, ¡Cuan obediente es Jesús Cristo! Aún en tan penosas circunstancias, Jesús contesta con sosiego, con mansedumbre y serenidad, siempre es el humilde Cordero de Dios, siempre obediente, y sujeto al Padre.

Por obediencia al Padre y amor a la humanidad, Jesús vence en sí mismo aun el instinto más básico del ser humano, el instituto de supervivencia, para darse en completa obediencia a Dios Padre como el Cordero de Dios, la victima perfecta, sin pecado, que sacrifica su vida por su amor incondicional por la humanidad. Jesús dijo, "Éste es mi mandamiento: Que os améis unos a otros, como yo os he amado. Nadie tiene mayor amor que este, que uno ponga su vida por sus amigos, (Juan 15:12-13). Después de la humillación, de la muerte en la cruz, después de la amarga prueba, Dios Padre resucita al Hijo, lo glorifica, lo exalta. Jesús es eternamente, Rey de reyes y Señor de señores, sentado a la diestra del Padre, cuyo reino no tiene fin.

La humildad, es para el Rvdo. Murray, la verdadera gloria del ser humano. Por ella se obtiene la gracia de verse a sí mismo tal cual es, de descubrir los tentáculos del orgullo, que sin la humildad, hacen presa de la creatura y lo degradan. La medicina, y antídoto contra el orgullo, ese viejo veneno del alma, es la imitación de la humildad de Cristo, quien es la humildad encarnada. Es por esto que en el libro "Humildad: La Belleza de la Santidad," el tema constante es la humildad de Cristo.[3] El Rvdo. Murray nos muestra también la vida de los apóstoles de Jesús, en especial del apóstol Pablo quienes imitaron y enseñaron la humildad de Cristo:[4] "No mirando cada uno por lo suyo propio, sino cada cual también por lo de los otros. Haya, pues, en vosotros este sentir que hubo también en Cristo Jesús, el cual, siendo en forma de Dios, no estimó el ser igual a Dios como cosa a que aferrarse, sino que se despojó a sí mismo, tomando forma de siervo, hecho semejante a los hombres; y estando en la condición de hombre, se humilló a sí mismo, haciéndose obediente hasta la muerte, y muerte de cruz. Por lo cual Dios también le exaltó hasta lo sumo, y le dio un nombre que es sobre todo nombre, para que en el nombre de Jesús se doble toda rodilla de los que están en los cielos, y en la tierra, y debajo de la tierra;" (Filipenses 2:4-10).[5]

Nos enseña el Rvdo. Murray que la humildad en el diario vivir se manifiesta en el amor al prójimo: "La humildad ante Dios es nada, sino se prueba primero ante el hombre."[6] "Si alguno dice: Yo amo a Dios, y aborrece a su hermano, es mentiroso. Pues el que no ama a su hermano a quien ha visto, ¿cómo puede amar a Dios a quien no ha visto?" (1 Juan 4:20).

Sin humildad, Dios no puede morar en la creatura, ni se puede crecer en santidad. La humildad se revela en la creatura, en la forma de vivir, pensar y actuar. La creatura se vacía de su orgullo, y todo aquello que le estorba en su amistad con Dios, para llenarse de la presencia de Dios.[7] El Rvdo. Murray enfatiza en esta obra, que es solo por la gracia de Dios que somos salvos. Fue la Gracia de Dios la que nos dio la convicción de que somos pecadores, y es Dios quien nos salva a través del sacrificio de su Hijo Jesús en la cruz. Por lo tanto, el cristiano agradece a Dios en todo y así en humildad, sabiendo que no puede vencer al pecado sin Dios, se ocupa ya no en pecar sino en Dios, en quien se encuentra su liberación y su gozo.[8]

La humildad en la vida cristiana es imprescindible, porque sin humildad, no puede el cristiano comunicarse con Dios. La fe misma requiere subyugar el orgullo, para depender totalmente de Dios. Es por esta razón que el Rvdo. Murray dice que la "humildad, es la disposición que prepara al alma para vivir confiando en Dios."[9] Es la humildad aunada a la oración y a la fe quienes nos ayudan a crecer en santidad. ¿Y qué es la santidad? Es la muerte del ego, del orgullo que es la raíz del pecado en la creatura, para que la gracia de Dios nos llene de la humildad de Dios, la raíz de todas las virtudes y del amor al prójimo.[10]

La verdadera felicidad es la humildad[11] porque el poder de Dios se hace manifiesto en la debilidad, y su gracia nos libera del orgullo que causa el pecado y el sufrimiento en el mundo:

"Y me ha dicho: Bástate mi gracia; porque mi poder se perfecciona en la debilidad. Por tanto, de buena gana me gloriaré más bien en mis debilidades, para que repose sobre mí el poder de Cristo. Por lo cual, por amor a Cristo me gozo en las debilidades, en afrentas, en necesidades, en persecuciones, en angustias; porque cuando soy débil, entonces soy fuerte," (2 Corintios 12: 9-10).

La creatura cuando es humilde, se vacía de su ego, para ser transformada a imagen y semejanza del hijo de Dios. La recompensa de la humildad es la santidad que es reflejada en el amor a Dios y al prójimo, en la íntima relación del alma con el amado que muestra al mundo al Jesús vivo, que mora en la creatura y que ama a toda la humanidad:

"Más cuando fueres convidado, ve y siéntate en el último lugar, para que cuando venga el que te convidó, te diga: Amigo, sube más arriba; entonces tendrás gloria delante de los que se sientan contigo a la mesa. Porque cualquiera que se enaltece, será humillado; y el que se humilla, será enaltecido. Dijo también al que le había convidado: Cuando hagas comida o cena, no llames a tus amigos, ni a tus hermanos, ni a tus parientes, ni a vecinos ricos; no sea que ellos a su vez te vuelvan a convidar, y seas recompensado. Más cuando hagas banquete, llama a los pobres, los mancos, los cojos y los ciegos; y serás bienaventurado; porque ellos no te pueden recompensar, pero te será recompensado en la resurrección de los justos," (Lucas 14:10-14).

El Rvdo. Murray nos dice que la exaltación consiste en "la más alta gloria de la creatura en ser solamente un recipiente, que se goza de recibir a Dios y mostrar su gloria."[12] Para el Rvdo. Murray la exaltación es vivir en comunión con Dios, es llenarse de Dios y de la posesión de la humildad de Jesús. Vivir en humildad es obediencia completa a Dios, es darse por completo a la voluntad de Dios. El humilde se da cuenta de su debilidad ante el orgullo, y persevera con paciencia y dulce abnegación en el querer que Dios la transforme a su imagen y semejanza. La adquisición de la humildad es por la gracia de Dios, y se da a través del trabajo conjunto del alma y de Dios, que como una rosa en botón, deja que el hortelano divino le pode las espinas y le roció con aguas vivas, hasta que el alma genuinamente se abre a la realidad de Dios. Entonces el alma, la rosa en botón se abre en todo su esplendor, y ya sin las espinas que lastiman, el hortelano divino la toma en sus manos, y se recrea en su belleza y la tersura de la rosa.

Así, el alma ha crecido, se ha limpiado con aguas vivas y ha adquirido conciencia de su pequeñez y de su imperfección ante la perfección y majestuosidad de Dios. Adquirir la humildad lleva toda la vida, y no se llega al punto en que podamos sentir que hemos alcanzado verdadera humildad hasta que el ama se encuentra con el amado, y Dios invita a la creatura a las bodas del cordero de Dios:

"Y oí como la voz de una gran multitud, como el estruendo de muchas aguas, y como la voz de grandes truenos, que decía: ¡Aleluya, porque el Señor nuestro Dios Todopoderoso reina! Gocémonos y alegrémonos y démosle gloria; porque han llegado las bodas del Cordero, y su esposa se ha preparado. Y a ella se le ha concedido que se vista de lino fino, limpio y resplandeciente; porque el lino fino es las acciones justas de los santos. Y el ángel me dijo: Escribe: Bienaventurados los que son llamados a la cena de las bodas del Cordero. Y me dijo: Estas son palabras verdaderas de Dios," (Apocalipsis 19:6-9).

Dra. Beatriz Schiava MD, MTS, MA.
Junio 15, 2015. Revisión: Agosto 28, 2016.
St. Louis Missouri, Estados Unidos de América.

PREFACIO

Hay tres motivos muy grandes que nos apremian a ser humildes. La humildad es necesaria para la creatura, el pecador y el santo. La humildad en la creatura la vemos en las huestes celestiales, en el hombre antes de la caída, en Jesús, el hijo del hombre. En nuestra naturaleza caída, pecadora, la humildad es el único camino a través del cual podemos volver al verdadero lugar que nos corresponde como creaturas. En la humildad del Santo tenemos el misterio de la gracia, el cual nos enseña que al perdernos en la grandeza del amor redentor, la humildad se vuelve en nosotros bendiciones y adoración eterna. En estas meditaciones, por más de una razón, he dirigido mi atención casi exclusivamente a la humildad, de la cual, tenemos una gran necesidad como creaturas.

No es solo que la conexión entre humildad y pecado se ha enseñado con demasiada abundancia, sino porque yo creo que para la plenitud de nuestra vida cristiana es indispensable que se le dé importancia a la humildad para vencer al pecado y para vivir una vida santa. Si Jesús es, en verdad, nuestro ejemplo a seguir en su gran humildad, nosotros necesitamos entender los principios en los cuales la humildad está arraigada, y en los cuales encontramos puntos de confluencia con el Señor, para ser transformados a su imagen, si en verdad hemos de ser humildes, no solo ante Dios, sino también ante la humanidad. Si la humildad es nuestra alegría, debemos ver no solo la vergüenza de la marca del pecado, sino que apartados del pecado, hemos sido revestidos con la verdadera belleza y bienaventuranza del cielo y de Jesús. Debemos ver que como Jesús encontró Su gloria en tomar la forma de siervo,[13] así que cuando Jesús nos dijo: "Y el que quiera ser el primero entre vosotros, será vuestro siervo,"[14,15] Jesús simplemente nos enseñó, la bendita verdad, de que no hay nada mejor o más divino y en verdad celestial, como ser el siervo y ayudante de todos. El siervo fiel quien toma su verdadero lugar, encuentra innegable placer en complacer los deseos del maestro y sus invitados.

Cuando nosotros tomamos en cuenta que la humildad es algo infinitamente más profundo aún que el arrepentimiento, y aceptamos que la humildad es nuestra participación en la vida de Jesús, entonces empezaremos a aprender, que la humildad es nuestra verdadera nobleza, y que esta se prueba al ser el siervo de todos, como la mayor plenitud de nuestro destino, como seres humanos creados a la imagen de Dios. Cuando miro al pasado, en mi propia experiencia religiosa, o miro en derredor de la Iglesia de Cristo en el mundo, me quedo admirado cuando pienso que poco buscamos a la humildad, a pesar de que es la figura distintiva del discipulado de Jesús.

Desgraciadamente, no necesitamos prueba alguna de que a la humildad no se le estima como a una virtud singular, cuando no se le encuentra en la predicación y en el vivir, en el trato diario en el hogar y la vida social, en nuestra asociación con la comunidad cristiana, en la dirección y en el llevar a cabo el trabajo de Cristo. La humildad es la raíz de donde las gracias florecen, la condición indispensable para tener una verdadera comunión con Jesús. Cabe entonces la posibilidad para el hombre, de decir a todos aquellos que buscan una gran santidad, que la profesión no viene acompañada con un aumento de humildad, sino que es un llamado a gritos a todos los cristianos que en verdad se precien de serlo. Sin embargo, mucho o poco de verdad que haya en la imputación, la mansedumbre y la humildad del corazón son la principal marca por la cual, ellos que siguen al manso y humilde cordero de Dios, deben ser conocidos.

CAPÍTULO 1

HUMILDAD
LA GLORIA DE LA CREATURA

"Los veinticuatro ancianos se postran delante del que está sentado en el trono, y adoran al que vive por siempre y para siempre, poniendo sus coronas ante el trono, y diciendo: Digno eres tú, Señor y Dios nuestro, Santo, de recibir la gloria, el honor y el poder, porque tú has creado todas las cosas y por ti existen, y por tu voluntad han llegado a ser y fueron creadas."

—Apocalipsis 4:10-11—

Cuando Dios nuestro Señor creó el universo, lo hizo con el objeto de *hacer participar a la creatura* de Su perfección y todas sus bendiciones, mostrando en él la gloria de Su amor, sabiduría y poder. El deseo de Dios era revelarse así mismo en, y través de los seres creados, para comunicarles de Su propia bondad y de Su gloria, tanto como ellos fuesen capaces de recibir de Dios. Pero esta comunicación no le fue dada a la creatura como algo que ella pudiera poseer en sí misma, una cierta vida o una cierta bondad, que la creatura por sí misma pudiera poseer o disponer. De ninguna manera, sino que Dios, y su Hijo Cristo Jesús, quien vive eternamente, presente eternamente, que eternamente actúa; el Dios único, que sustenta todas las cosas con el poder de Su palabra,[16] y en quien todas las cosas existen,[17] sustenta Su relación con la creatura, quien depende de Dios de manera absoluta, constante y universal.

4

Tan verdadera es esta dependencia como es el poder creador de Dios, tan verdadera, que por su mismo poder Dios mantiene esta relación constantemente. La creatura no solamente tiene que voltear a ver el origen y el principio de la existencia, sino reconocer que es desde ahí, que le debe todo a Dios. El cuidado que Dios le da con predilección, su más alta virtud, su única felicidad, ahora y por toda la eternidad, es presentarse a sí mismo como un recipiente vacío, en el cual Dios pueda morar y manifestar Su poder y Su bondad. La vida que Dios nos da, no nos la ha impartido de una vez por todas, sino en cada momento, continuamente, por la constante operación de Su gran poder. La humildad es el lugar de entera dependencia de Dios. Por esto, la humildad, desde lo más profundo de la naturaleza de las cosas es el primer deber y la más grande virtud de la creatura, y es la raíz de toda virtud.

También el orgullo, o la pérdida de la humildad, es la raíz de todo pecado y maldad. No es sino cuando los ángeles caídos se empezaron a ver a sí mismos con autocomplacencia que entonces, ellos desobedecieron, y fueron arrojados de la luz del cielo a la obscuridad exterior. Aún cuando la serpiente respiró el veneno de su orgullo, fue el deseo de ser como Dios en los corazones de los primeros padres, lo que hizo que ellos también cayeran del elevado estado en que se encontraban en el cielo, al estado de gran miseria espiritual en el cual el ser humano está sumergido. Tanto en el cielo, así como es en la tierra, el orgullo, la auto-exaltación, es la puerta, el verdadero nacimiento, y la maldición del infierno, (Ver Nota A del autor).[18]

De ahí que, como consecuencia, nada puede ser nuestra redención, sino la restauración de la humildad perdida, de la relación original y verdadera de la creatura con Dios. Y por eso, Jesús Cristo vino a traer a la humildad de regreso a la tierra,

5

para hacernos partícipes de ella. En el cielo, Jesús se humilló a sí mismo para hacerse hombre. La humildad que vemos en Él ya la poseía en el cielo; la humildad lo trajo a la tierra; Jesús trajo la humildad del cielo. Aquí en la tierra Jesús *se humilló a sí mismo, siendo obediente hasta la muerte;*[19] la humildad de Jesús le dio a Su muerte en la cruz su valor, y también se convirtió en nuestra redención. Empero, ahora la salvación que Jesús imparte no es nada menos ni nada más que la comunicación de Su propia vida y de Su muerte, Su propia disposición, Su espíritu, y Su propia humildad, como la base y la raíz de Su relación con Dios y de Su trabajo redentor. Jesús tomo el lugar de nosotros y completó el destino del hombre, como una creatura, por medio de Su vida de perfecta humildad.

La vida de los que son salvos, de los santos, debe tener en sí misma este sello de la liberación del pecado, y de la completa restauración de la creatura a su estado original; los santos deben tener en su relación con Dios y el hombre, el sello impregnado de humildad. Sin la virtud de la humildad, no hay verdadera permanencia en la presencia de Dios, ni obtener Su favor, ni el poder de Su Espíritu; sin la humildad, no pueden haber fe, ni amor, gozo, o fuerza alguna que sean duraderas. La humildad es la única tierra en la cual las gracias pueden tener raíz; la falta de humildad explica suficientemente todo defecto y falla.

La humildad no es una gracia o cualquier virtud, sino la raíz de todo, porque la humildad por sí misma nos da la actitud correcta ante Dios, y le permite a Dios hacerlo todo. Dios nuestro Señor quien nos creó como seres con razón, por lo que mientras más verdadera sea nuestra percepción dentro de la verdadera naturaleza o de la absoluta necesidad de Su autoridad, lo más dispuestos estaremos y más completa será nuestra obediencia a Dios. Al llamado de Dios a la humildad se le ha dado muy poca importancia en la Iglesia, porque se comprende muy poco la verdadera naturaleza de la humildad y cuál es su importancia. La humildad no la traemos a Dios, y no es algo que Él confiera; *es simplemente un estado de total vacío, el cual viene cuando vemos como verdaderamente Dios lo es todo, dejando el camino libre para que Dios nos llene por completo.* La creatura al darse cuenta que esta es la verdadera nobleza, consiente con su voluntad, con su mente, y con sus afectos, a ser moldeada, a ser el vaso en el cual la vida y la gloria de Dios trabajan y se manifiestan a sí mismas.

La creatura se da cuenta que la humildad es simplemente el reconocer su verdadera posición como creatura y el darle a Dios nuestro Señor su lugar. En las vidas de aquellos cristianos verdaderamente comprometidos, de aquellos quienes buscan y profesan la santidad, la humildad debe de ser el sello principal de su rectitud. Sin embargo, frecuentemente se ha dicho que esto no es así. ¿Acaso, pudiera ser la razón que en la enseñanza y en el ejemplo de la Iglesia, la humildad nunca ha tenido el lugar de importancia suprema que le pertenece? ¿Y que no es verdad que esto, debe decirse una vez más, se debe a la gran negligencia de esta verdad, que al ser tan fuerte el pecado, nos debiera motivar a ser humildes?

Hay un motivo aún más grande, que debe ejercer una poderosa influencia para ser humildes, que es aquello que hace a los ángeles de Dios, aquello que hace de Jesús, aquello que hace a los más santos de entre los santos, el ser tan humildes; ¿No es a acaso la humildad sino el primer y principal sello de la relación de la creatura con Dios, el secreto de su bienaventuranza, de hacerse nada, para dejar a Dios libre de ser todo en la creatura?

Yo estoy seguro que hay muchos que confesarían que su experiencia como cristianos ha sido como la mía, en cuanto a que conocemos al Señor de mucho tiempo, y no nos hemos dado cuenta que la mansedumbre y la humildad de corazón son las características distintivas del discípulo así como lo fueron del Maestro Jesús. Y por lo consiguiente, que esta humildad no es una cosa que vendrá por sí misma, sino que se le debe hacer objeto de deseo especial, de oración, de fe, y de práctica. Cuando estudiemos la palabra de Dios, veremos con que distinción y con qué frecuencia se repiten las instrucciones que Jesús Cristo da a sus discípulos sobre este asunto de la humildad, y cuan lentos fueron en entender a Jesús.

Tenemos que admitir, desde el principio de nuestras meditaciones, que no hay, nada más natural al ser humano, nada más insidioso, y nada más escondido a nuestra vista, o nada más complejo y peligroso, que el orgullo. Debemos tener una gran determinación y perseverancia, esperando en Dios y en Jesús, lo que nos permitirá descubrir como carecemos de la gracia de la humildad, y que impotentes somos de obtener lo que buscamos.

Estudiemos el carácter de Jesús Cristo hasta que nuestras almas se llenen con gran amor y admiración por Su humildad. Creamos que, cuando estemos derrumbados bajo la sensación de nuestro orgullo, y nuestra impotencia para arrojarlo de nosotros, Jesús mismo vendrá a impartirnos Su gracia también, como una parte de la vida maravillosa de Jesús dentro de nosotros.

CAPÍTULO 2

HUMILDAD

EL SECRETO DE LA REDENCIÓN

"Y haya en ustedes este modo de pensar que también hubo en Jesús Cristo, quien siendo a la imagen de Dios no consideró el aferrarse a ella, siendo que es igual a Dios, sino que despojándose a sí mismo, tomó la semejanza de un siervo, y fue semejante a los hombres, y hallándose en la semejanza de hombre, se humilló a sí mismo, siendo obediente hasta la muerte, y muerte de cruz, por lo cual también Dios lo exaltó."

—Filipenses 2:5-9a—

Ningún árbol puede crecer salvo de la raíz de la cual ha brotado. A través de toda su existencia el árbol solo puede vivir con la vida que estaba en la semilla que le dio vida. La total comprensión de esta verdad y su aplicación al primero y segundo Adán, no puede más que ayudarnos grandemente a entender ambas: la necesidad, y la naturaleza de la redención que es en Jesús. Es el orgullo el que hace necesaria la redención; es por nuestro orgullo que nosotros necesitamos sobre todo ser redimidos. Por lo que, nuestra comprensión de la necesidad de la redención dependerá grandemente de nuestro conocimiento de la naturaleza terrible del poder que ha entrado en nuestro ser.

Ningún árbol puede crecer salvo de la raíz de la cual brotó. El poder que Satán trajo del infierno, y que arrojo en la vida del hombre, está trabajando a diario, a todas horas, con

9

grandioso poder en todo el mundo. Los seres humanos sufren por ello; ellos le tienen miedo y luchan, y huyen de ese poder; y sin embargo, no saben de dónde este poder viene, y de donde adquirió esta terrible supremacía. Por lo que no es de extrañar que los seres humanos no sepan cómo o donde se le puede vencer.

El orgullo tiene su raíz y fuerza en un terrible poder espiritual, está fuera de nosotros así como dentro de nosotros; tan necesario es que nosotros confesemos y detestemos nuestro orgullo, como lo es saber que su origen es satánico. Si esto nos lleva a una desesperanza total, de que alguna vez podamos conquistar al orgullo o arrojarlo de nosotros mismos, cuanto antes nos debe llevar al poder sobrenatural en el cual solamente se encuentra nuestra liberación, la redención del Cordero de Dios. En esta batalla, es imposible hacerlo todo por uno mismo y contra el orgullo dentro de nosotros puede en verdad, hacerse aún más desesperada, cuando pensamos en el poder de la obscuridad detrás de todo.

En vez de la desesperación total, nos sentaría mejor el darnos cuenta y aceptar un poder y una vida fuera de nosotros también, la humildad que bajo del cielo y que nos trajo el Cordero de Dios, para expulsar a Satán y su orgullo. Ningún árbol puede crecer sino sobre la raíz de la cual brotó. Aún cuando necesitamos ver al primer Adán y su caída para conocer el poder del pecado dentro de nosotros, necesitamos conocer bien al segundo Adán y su poder para obtener dentro de nosotros una vida de humildad tan real, permanente y dominante como ha sido el orgullo en nosotros.

Nosotros tenemos nuestra vida por y en Cristo, tan verdadera, sí, más verdadera, que aquella obtenida por y en Adán. Nosotros debemos caminar "enraizados en Él,"[20] estando

10

unidos a Jesús Cristo, la Cabeza, de quien todo el cuerpo crece con un crecimiento que es de Dios.[21] La vida de Dios, la cual en la encarnación entró a la naturaleza humana, es la raíz en la cual debemos apoyarnos y crecer; es el mismo poder todopoderoso que trabaja ahí, y desde ahí a la resurrección. Es el poder que trabaja diariamente en nosotros. Nuestra única necesidad es el estudio, conocimiento y confianza en la vida que nos ha sido revelada en Cristo como la vida que es ahora nuestra, y que espera de nuestro consentimiento para ganar posesión y dominio de todo nuestro ser.

Visto así, es de primordial importancia que tengamos pensamientos correctos de quien es Jesús, que es realmente lo que constituye el Cristo,[22] y especialmente cuál es su principal característica, es decir, la raíz y esencia de todo Su carácter como Redentor. Solamente puede haber una respuesta: Es Su Humildad. ¿Qué es la encarnación? ¿No es acaso Su humildad celestial, Su vaciarse a sí Mismo y hacerse hombre? ¿Qué es Su vida sobre la tierra sino Su humildad?; ¿sino hacer Su vida a semejanza de un siervo? ¿Y que es Su sacrificio sino la humildad de Cristo Jesús? "Él se humilló a sí mismo, haciéndose obediente hasta la muerte."[23] ¿Y que es Su ascenso al cielo y Su gloria, sino humildad exaltada en el trono y coronada con gloria? "Por lo cual Dios también lo exaltó hasta lo sumo."[24] En el cielo, donde estaba Jesús con el Padre, en Su nacimiento, en Su vida, en Su muerte, en Su sentarse en el trono, es todo humildad y nada más que humildad.

Jesús es la humildad de Dios encarnada en naturaleza humana; Jesús es el Amor Eterno humillándose a sí mismo, vistiéndose con el atuendo de mansedumbre y gentileza, para ser victorioso, servir y salvarnos. El amor y el Señorío de Dios lo hacen el benefactor, el socorro y siervo de todos, así es que nuestro Señor Jesús Cristo, en verdad, fue la Humildad Encarnada. Así también, Él está todavía en la plenitud del trono, el manso y humilde Cordero de Dios.

Si esta es la raíz del árbol, su naturaleza debe estar en cada rama, en cada hoja, y fruta. Si humildad es la primera, la toda— gracia inclusive de la vida de Jesús, —si humildad es el secreto de Su expiación, entonces, la salud y fuerza de nuestra vida espiritual dependerá enteramente en poner esta gracia en primer lugar, y de hacer de la humildad la cosa principal que admiramos en Jesús, la principal cosa que le pedimos, la única cosa por la cual sacrificamos todo lo demás, (Ver Nota B del Autor). ¿Acaso nos es de extrañar, que la vida cristiana sea tan frecuentemente débil y sin fruto, cuando a la mismísima raíz de la vida de Jesús Cristo se le ha tratado con negligencia o nos es desconocida?

¿Es acaso de extrañar que se sienta tan poco el gozo de la salvación, cuando la humildad que la salvación trajo a nosotros y en la que Cristo fundo nuestro gozo se le busca poco? Hasta que la humildad descanse en nada más que en la muerte y fin del ego; en la renuncia al honor humano como Jesús hizo, para buscar el honor que viene solo de Dios; él cual absolutamente se hace y se cuenta a sí mismo como nada, para que Dios lo sea todo, para que solamente Dios sea exaltado, —hasta que tal humildad sea la que buscamos en Cristo, por encima de nuestra principal alegría, y que le demos la bienvenida sin importar el precio; sin ello, hay muy poca esperanza de una religión que pueda conquistar el mundo. No puedo dejar de pedir al lector que haga una pausa, y si fuese posible, que su atención se dirija especialmente a la necesidad de la humildad dentro de él o en derredor de él, y se pregunte, si ha visto mucho del espíritu de mansedumbre y humildad del Cordero de Dios en aquellos que son llamados por Su Nombre. Considere el lector como todos quieren amor, pero muestran indiferencia a las necesidades de otros, de sus sentimientos, y de sus debilidades.

Por esto, ellos hacen juicios penetrantes, y aseveraciones apresuradas, invocando frecuentemente la excusa de que son totalmente honestos y rectos. Todas aquellas manifestaciones de temperamento, de hipersensibilidad y de irritación; todos los sentimientos de amargura y desavenencia, tienen su raíz en el orgullo que aún se busca a sí mismo. Por esta razón, los ojos del lector se abrirán al ver cuán obscuro, empero, debiera yo decir, cuan endemoniado es el orgullo, que se arrastra en casi todos lados, sin hacer excepción de las congregaciones de los santos.

Que el lector comience a preguntarse cuál sería el efecto, si en el mismo y también en derredor de él, si hacia los santos compañeros y hacia el mundo, los creyentes fueran realmente, y permanentemente guiados por la humildad de Jesús Cristo; ¡Y permítase el lector decir, si el lamento de nuestro corazón, de noche y de día, debería de ser, por la humildad de Jesús, en él mismo y en aquellos que están en derredor suyo! Permítase el lector honestamente fijarse en su corazón y en su propia falta de humildad, la cual ha sido revelada en la semejanza con la vida de nuestro Señor Jesús, y en el carácter entero de Su redención; y entonces, el lector empezara a sentir como si realmente nunca hubiera conocido lo que Cristo y Su salvación es.

¡Creyente! Estudia la humildad de Jesús. Este es el secreto, es la raíz escondida de tu redención. Sumérgete en ella más profundamente día a día. Cree con todo tu corazón que este Cristo, quien Dios te ha dado, quien aún en Su divina humildad llevo a cabo el trabajo en ti, entrará a morar y trabajar dentro de ti, y ¡hará lo que el Padre quiera hacer de ti!

CAPÍTULO 3

LA HUMILDAD DE JESÚS

"Más yo estoy entre vosotros como el que sirve."

—Lucas 22:27—

Él evangelio según San Juan, deja al descubierto la vida interior de Jesús Cristo. Nuestro Señor habla frecuentemente de Su relación con Dios Padre, los motivos que lo guían, de Su conocimiento del poder y el espíritu en los cuales Dios actúa. Aunque la palabra humilde no ocurre en el evangelio según San Juan, en ningún otro lugar en la sagrada escritura veremos con mayor claridad en que consistió Su humildad.

Hemos dicho que esta gracia es en verdad nada más que el simple consentimiento de la creatura para dejar que Dios lo sea todo, en virtud de la cual la creatura se rinde solamente al trabajo de Dios. En Jesús vemos como el Hijo de Dios tanto en el cielo, y como hombre en la tierra, tomó un lugar de entera subordinación, dando a Dios el honor y la gloria que le es debida a Él. Y lo que Jesús enseño tan frecuentemente fue lo que en verdad a Él le fue hecho: "El que se humilla será exaltado."[25] Como fue escrito: "Él se humilló a sí mismo, por lo tanto Dios lo exaltó a lo sumo."[26]

Escucha las palabras con las cuales Jesús Cristo habla de Su relación con Dios Padre, y mira como incesantemente Jesús Cristo, usa las palabras no, nada, refiriéndose a Sí Mismo. "Él no soy Yo," con el cual Pablo expresa su relación con Jesús Cristo, es

14

el mismo espíritu con el cual Jesús Cristo expresa Su relación con el Padre.

"*No* puede el Hijo hacer *nada* por sí mismo" (Juan 5:19).

"*No* puedo yo hacer *nada* por Mí mismo; según oigo, así juzgo; y Mi juicio es justo, porque *no* busco Mi voluntad," (Juan 5:30).

"Gloria de los hombres *no* recibo," (Juan 5:41).

"Porque he descendido del cielo, *no* para hacer Mi voluntad," (Juan 6:38).

"Mi doctrina *no* es mía," (Juan 7:16).

"*No* he venido de Mí mismo," (Juan 7:28).

"*Nada* hago por Mí mismo," (Juan 8:28).

"*No* he venido de Mí mismo, sino que Él me envió," (Juan 8:42).

"Yo *no* busco Mi gloria," (Juan 8:50).

"Las palabras que yo os hablo, *no* las hablo por Mi propia cuenta," (Juan 14:10).

"La palabra que habéis oído *no* es Mía," (Juan 14:24).

Estas palabras nos muestran las raíces más profundas de la vida de Cristo y de Su trabajo. Sus palabras nos dicen cómo fue que el Dios Todopoderoso, fue capaz de hacer Su grandioso trabajo de redención a través de Él. Las palabras de Jesús Cristo nos muestran como consideró el estado del corazón al hacerse al corazón del Padre como Hijo de Dios. Sus palabras nos enseñan cual es la vida y esencia de la naturaleza de la redención que Cristo consiguió y ahora nos comunica; es esto: Jesús fue nada, para que Dios lo fuera todo. Jesús Cristo renunció a sí mismo totalmente con Su propia voluntad y Su poder para que el Padre trabajara en Él. De Su propio poder, de Su propia gloria, de toda Su misión, con todos Sus trabajos y Sus enseñanzas, —de todo esto Él dijo, *No soy yo; Yo soy nada; Me he dado a Mí mismo para que el Padre trabajé en Mí; Yo soy nada, el Padre lo es todo.*

Cristo encontró en esta vida de entera abnegación, de absoluta sumisión y dependencia a la voluntad del Padre, paz perfecta y gozo. Él perdió nada al darlo todo a Dios. Dios honró Su confianza, e hizo todo por Él, y entonces lo exaltó a Su mano derecha en gloria. Y porque Cristo se humilló así ante Dios, y siempre estuvo delante de Él; Jesús halló posible el humillarse a sí mismo ante los hombres también, y ser el Siervo de todos. Su humildad fue simplemente el renunciar a sí Mismo ante Dios, para permitir a Dios hacer en Él lo que quisiera, cualquier cosa que los hombres dijeran de Él, o le hiciesen.

Es en este estado de la mente, en este espíritu y disposición, que la redención de Cristo tiene su virtud y eficacia. Para traernos a esta disposición somos hechos participes de Cristo. Esto es verdaderamente el negarse a sí mismo, a lo cual nuestro Señor Jesús Cristo nos llama; que es el reconocer que el ego no tiene nada de bueno en sí mismo, salvo como un vaso vacío el cual Dios debe llenar, aunque su petición de ser o hacer cualquier cosa no se le permita por el momento. Es en esto, por sobre todas las cosas, que la conformidad de Jesús Cristo consiste en el ser y hacer nada por nosotros mismos para que Dios lo sea todo.

Aquí tenemos la raíz y la naturaleza de la verdadera humildad. Es porque no se le ha entendido, o se le ha buscado, que nuestra humildad es tan superficial y débil. Debemos aprender de Jesús, de Su mansedumbre y humildad de corazón. Jesús Cristo nos enseña de donde viene y en donde se encuentra la fuerza de la verdadera humildad, en el conocimiento de que

16

es Dios quien trabaja todo en todos, por lo que nuestro deber es rendirnos a Él en perfecta renuncia y con total dependencia, con absoluto consentimiento de ser y hacer nada por nosotros mismos. Si sentimos que esta vida está demasiado elevada para nosotros y más allá de nuestro alcance, con mayor razón ese sentimiento nos debe instar a buscar la vida en Jesús; es Cristo morando en nosotros, quien vive en nosotros esta vida de mansedumbre y humildad.

Si anhelamos la humildad, por encima de cualquier cosa, busquemos el secreto santo del conocimiento de la naturaleza de Dios; como Él en cada momento trabaja todo en todos; el secreto, del cual toda la naturaleza y cada creatura, y que, por encima de todo, cada hijo de Dios es el testigo; esto es, nada más que un vaso, nada más que un canal, a través del cual, el Dios viviente puede manifestar las riquezas de Su sabiduría, poder y bondad. La raíz de toda virtud y gracia, de toda fe y adoración aceptable, es que sabemos que no tenemos nada más que lo que recibimos de Él, y con reverencia esperamos en Dios con la más profunda humildad.

Porque esta humildad no era solo un sentimiento temporal, fue que la humildad se despertó y se ejercitó cuando Jesús pensó en Dios. Más bien la humildad fue el espíritu de toda Su vida, siendo Jesús tan humilde en sus relaciones con las personas como con Dios. Jesús se sintió así mismo el Siervo de Dios Padre para el género humano a quien Dios creó y amo; como consecuencia natural, Jesús se vio a sí mismo, como el Siervo de la humanidad, que a través de Él, Dios realizaría Su trabajo de amor. Él nunca por un momento pensó en recibir Su honor, o en apropiarse Su poder para reivindicarse a sí Mismo. Todo su espíritu fue el de una vida rendida a Dios para que Dios trabajase en ella.

No es sino hasta que los cristianos estudian la humildad de Jesús como la verdadera esencia de Su redención, como la verdadera bienaventuranza de la vida del Hijo de Dios, como la única y verdadera relación con el Padre, y por lo tanto como aquella que Jesús nos debe dar si deseamos tomar parte con Él, que nos damos cuenta de nuestra terrible falta de humildad verdadera y celestial. Es la falta humildad lo que convierte en una carga y sufrimiento nuestra religión y la hace ordinaria, echándola de lado, hasta que consideramos, que la humildad es el primer y principal sello de que Cristo vive dentro de nosotros.

Hermano, ¿Estas vestido con humildad? Pregunta a tu vida diaria, pregunta a Jesús, pregunta a tus amigos, pregunta al mundo, y empieza a alabar a Dios que está disponible para ti en Jesús. Esta es una humildad celestial de la cual has conocido muy poco, y que por medio de ella, es posible obtener de Dios una bienaventuranza que todavía no pruebas, pero que puede venir a ti del cielo.

CAPÍTULO 4

HUMILDAD
EN LAS ENSEÑANZAS DE JESÚS

"Aprended de mí, que soy manso y humilde de corazón,"— Mateo 11:29. "El que quiera ser el primero entre vosotros será vuestro siervo; como el Hijo del Hombre no vino para ser servido, sino para servir."

—Mateo 20:28-29—

Hemos visto la humildad en la vida de Jesús Cristo, así como nos abrió Su corazón divino, escuchemos también sus enseñanzas. Ahí, nosotros escucharemos como Jesús habla de la humildad, y que tan lejos Jesús Cristo espera que la humanidad y especialmente sus discípulos, tomemos la enseñanza de ser humildes como Él lo fue en todo. Estudiemos cuidadosamente los pasajes, los cuales apenas no puedo hacer más que citar, para recibir la impresión de cuan frecuentemente y cuan seriamente Jesús Cristo enseñó la virtud de la humildad; esto nos ayuda a entender que es lo que Jesús Cristo nos pide.

1. Observa el principio del ministerio de Jesús en las Beatitudes con las cuales, el Sermón de la Montaña abre, Cristo dice: *Bienaventurados los pobres en espíritu, porque de ellos es el reino de los cielos. Bienaventurados los mansos, porque ellos recibirán la tierra por heredad.*[27] Las primeras palabras de la proclamación del Reino del Cielo, revelan la puerta abierta a través de la cual

19

entramos. El Reino viene a los pobres, quienes no tienen nada. La tierra será del manso. Las bendiciones del cielo y de la tierra serán para el humilde. Es la humildad el preciado secreto de todas las bendiciones para la vida terrena y la vida en el cielo.

2. *Aprended de mí, que soy manso y humilde de corazón; y hallaréis descanso para vuestras almas.*[28] Jesús se ofrece a sí mismo como Maestro. Jesús nos dice lo que el espíritu es en Jesús como Maestro, y lo que nosotros podemos aprender y recibir de Él. Mansedumbre y humildad es lo que Jesús nos ofrece; en ello encontraremos el descanso perfecto del alma. La humildad es nuestra salvación.

3. Los discípulos habían estado discutiendo quien sería el más grande en el reino, y se habían puesto de acuerdo para preguntarle al Maestro, (Lucas 9:46; Mateo 18:1). Él puso a un niño en medio de ellos, y dijo, *Cualquiera que se humille como este niño, ése es el mayor en el reino de los cielos.*[29] ¿Quién es el mayor en el reino de los cielos?[30] La pregunta es en verdad, de gran alcance. ¿Cuál sería la mayor distinción en el reino celestial? La respuesta la da Jesús Cristo mismo. La gloria principal del cielo, la verdadera conciencia celestial, la mayor de todas las gracias, es la humildad. *El que es más pequeño entre todos vosotros, ése es el más grande.*[31]

4. Los hijos de Zebedeo le habían pedido a Jesús sentarse a Su derecha e izquierda, el más alto lugar en el reino. Jesús dijo que no era ÉL, sino el Padre quién lo concedería, quién se lo daría a aquellos para quienes estaba preparado. Ellos no deberían buscarlo o pedirlo. Su pensamiento en cambio debería de ser, el de la copa y el bautismo de humillación.[32] Y entonces, Él añadió, *El que quiera ser el primero entre vosotros será vuestro siervo; como el Hijo del Hombre no vino para ser servido, sino para servir,* (Mateo 20:27-28). La humildad, como es el sello celestial

de Cristo, será el sello estándar de gloria en el cielo; él que es más humilde es él que está más cercano a Dios. Es el más humilde al que se le promete la primacía en la Iglesia.

5. Hablando de la multitud y de los discípulos, de los fariseos y de su amor por ocupar los principales asientos, Cristo dijo una vez más, *El que es el mayor de vosotros, sea vuestro siervo,* (Mateo 33:2). Humildad es el único escalón de honor en el reino de Dios.

6. En otra ocasión, en la casa de un fariseo, Jesús dijo la parábola del comensal que sería invitado a un lugar del más alto honor, y añadió: *Porque cualquiera que se enaltece, será humillado; y el que se humilla, será enaltecido,* (Lucas 14:11). La demanda es inexorable; no hay otra manera. Solo siendo humilde es como se es exaltado.

7. Después de la parábola del fariseo y el publicano, Jesús habló otra vez: *Porque cualquiera que se enaltece, será humillado; y el que se humilla será enaltecido,* (Lucas 18:14). En el templo y en presencia y adoración de Dios, nada vale la pena sino esta permeado de una profunda, verdadera humildad hacia Dios y los hombres.

8. Después de lavar los pies de los discípulos Jesús dijo: *Pues si yo, el Señor y el Maestro, he lavado vuestros pies, vosotros también debéis lavaros los pies los unos a los otros,* (Juan 13:14). La autoridad del mandamiento y el ejemplo de Jesús Cristo, todo pensamiento, ya sea de obediencia o de conformidad, hace a la humildad el primer y más esencial elemento del discipulado.

9. En la mesa de la Santa Cena, los discípulos todavía se estaban disputando quien sería el mayor de ellos. Jesús dijo: *Sea el mayor entre vosotros como el más joven, y el que dirige, como el que sirve,* (Lucas 22:26). El sendero por el cual Jesús caminó, que Él

nos abrió, y en el que forjó la salvación, y en el cual Jesús nos salva, es siempre la humildad que nos hace siervos de todos.

¡Que poco la humildad es predicada! Que poco se le práctica. Que poco se siente o se confiesa la falta de la humildad. No digamos ya, que pocos obtienen alguna medida reconocible de la semejanza de Jesús Cristo en Su humildad. Pero cuan pocos son los que piensan en hacer de la humildad un objeto distintivo de continuo deseo o de oración. ¡Que poco el mundo ha visto a la humildad, aún en el círculo interior de la Iglesia!

"El que quiera ser el primero entre vosotros será vuestro siervo."[33] ¡Quiera Dios que a nosotros nos sea dado creer que Jesús verdaderamente lo dice en serio! Todos sabemos cuál es el carácter de un sirviente fiel o de un esclavo. Devoción a los intereses del maestro, estudio reflexivo y cuidadoso para agradarle, deleitarse en su prosperidad, honor y felicidad. Hay siervos sobre la tierra a quienes se les ha visto esta disposición, y a quienes el nombre de siervo no ha sido otra cosa más que gloria. Para cuántos de nosotros no ha sido más que un nuevo gozo en nuestra vida cristiana, el saber que cuando nos rendirnos como siervos, como esclavos de Dios, hemos encontrado la libertad más grande al estar a Su servicio, la libertad del pecado y del ego.

Necesitamos ahora aprender otra lección, —que Jesús nos llamó a ser siervos los unos de los otros, y al aceptar el ser siervos con todo el corazón, obtendremos también mucha bendición, con una nueva y aún más completa libertad del pecado y del ego. Al principio nos parecerá difícil; esto es, solo porque el orgullo se estima así mismo como algo de valor. Una vez que aprendemos que el ser nada ante Dios es la gloria de la criatura, el Espíritu de Jesús y la alegría del cielo, le daremos la bienvenida con todo el corazón a la disciplina de la cual nos servimos, aún cuando haya algunos que traten de fastidiarnos.

Cuando nuestro corazón está dispuesto de esta forma a la verdadera santificación, entonces deberemos estudiar cada palabra de Jesús Cristo sobre la humildad con nuevos ánimos, ningún lugar será demasiado bajo, ni demasiado profundo, y ningún servicio será demasiado mezquino o demasiado prolongado. Pero lo menos que podemos hacer es compartir y probar el compañerismo con Él, quien dijo, "Mas yo estoy entre vosotros como el que sirve."[34] Hermanos, aquí está la senda a la vida más alta. ¡Abajo y todavía más abajo! Esto es lo que Jesús siempre dijo a los discípulos quienes pensaban en ser grandes en el reino, y de sentarse a su mano derecha y a su izquierda. No busques, no pidas ser exaltado; eso es el trabajo de Dios; busca en cambio, el avasallarte y el ser humilde, y no tomes ningún lugar delante de Dios o del hombre, sino el lugar de un siervo; ese es tu trabajo; deja que sea ese tu único propósito y tu oración. ¡Dios es fiel! Tal como el agua solo busca y llena los lugares más bajos, así es en el momento en que Dios encuentra a la creatura humilde y vacía.[35] Su gloria y poder fluyen para exaltar y bendecir. El humillarse así mismo, —ese debe ser nuestro único cuidado; por Su gran poder y en Su gran amor, ¡Él lo hará!

Los seres humanos algunas veces hablan, como si la humildad y la mansedumbre nos robaran de todo aquello que es noble, audaz y varonil. ¡Ay! ¡Qué todos creyeran que esta es la nobleza del reino de los cielos, que este es el espíritu de la realeza que el Rey del cielo nos mostró, que esto es ser parecido en la humildad a Dios, en ser humilde, para convertirse en el siervo de todos! Esta es la senda de la alegría y de la gloria de la presencia de Cristo siempre presente en nosotros; Su poder siempre reposando en nosotros.

Jesús, el manso y humilde, Uno con Dios, nos llama a aprender de Él la senda que lleva a Dios. Estudiemos las palabras que hemos leído, hasta que nuestro corazón se llene con el pensamiento de ellas; mi única necesidad es la humildad. Y creamos que lo que Jesús Cristo nos muestra, Él nos da, que lo que Él es, Él nos imparte. Como el manso y humilde Dios Único, Él vendrá y morará en el corazón anhelante.

CAPÍTULO 5

HUMILDAD EN LOS DISCÍPULOS DE JESÚS

"Sea el mayor entre vosotros como el más joven, y el que
dirige, como el que sirve."

—Lucas 22:26—

Hemos estudiado la humildad en la persona y en las enseñanzas de Jesús Cristo; vamos ahora a buscar a la humildad en el círculo de Sus compañeros que Él eligió, los doce apóstoles. Si en la falta de humildad de los doce apóstoles encontramos el contraste entre Cristo y los hombres más claramente, esto nos ayudará a apreciar el cambio tan poderoso que el Pentecostés provocó en los apóstoles, y que nos hace participes también, del triunfo perfecto de la humildad de Jesús Cristo sobre el orgullo que Satán había inspirado en el hombre.

En los versículos citados acerca de las enseñanzas de Jesús, hemos visto en cuales ocasiones los discípulos habían probado cuan necesitados estaban de la gracia de la humildad. En alguna ocasión, se encontraban discutiendo quien sería el más grande. Alguna otra vez, los hijos de Zebedeo con su madre habían pedido a Jesús los primeros lugares en el cielo—sentarse a la derecha o a la izquierda. Y más tarde, esa noche, en la mesa de la última cena, hubo otra vez una discusión, sobre quien debería ser el más grande.[36] No es que no hubiera momentos en que ellos en verdad, no fuesen humildes antes el Señor. Así fue por ejemplo con Pedro cuando clamó, "Apártate de mí Señor,

25

porque soy hombre pecador."[37] Así también, cuando Jesús calmo la tormenta, los discípulos vinieron a adorarlo.[38] Sin embargo, tales expresiones ocasionales de humildad eran solamente, un fuerte suspiro de alivio, en contraste con el habitual tono y lo que estaba en la mente de los discípulos; en la conversación cotidiana y espontánea, y en la revelación natural que en otras ocasiones mostraban, se podía ver el lugar y el poder del ego en ellos. Cuando nosotros estudiamos el significado de todo esto, aprendemos las más importantes lecciones.

Primeramente, *Habría mucha más religión activa y seria, si tristemente no faltase la humildad.* Esto lo podemos apreciar en los apóstoles. Había en ellos un ferviente apego a Jesús. Lo habían dejado todo por Jesús. Fue Dios Padre quien les reveló que Jesús era el Salvador, el Cristo, el ungido de Dios. Ellos creyeron en Jesús, lo amaban y obedecieron sus mandamientos. Lo dejaron todo por seguirlo. Cuando otros abandonaron a Jesús, ellos se apegaron a Él. Pero muy en lo profundo de la existencia, estaba el poder escondido de las aterradoras tinieblas, del cual ellos estaban escasamente conscientes, que debía ser aniquilado y arrojado, antes de que ellos pudiesen ser testigos del poder de Jesús para salvar; así es todavía con nosotros.

Nos encontramos con frecuencia a profesores, ministros, evangelistas, trabajadores, misioneros, maestros, en quienes los dones del Espíritu Santo son muchos y manifiestos, y quienes son conducto de bendiciones para multitudes; y sin embargo, cuando se enfrentan a la prueba, o se necesita una relación más cercana con Dios para poder obtener mayor conocimiento, se pone de manifiesto que dolorosamente carecen de la gracia de la humildad como una característica permanente. Todo tiende a confirmar la lección que la humildad es una de las principales y más altas gracias; la humildad es una de las gracias más difíciles de obtener; y a la cual, debemos dirigir nuestros primeros y principales esfuerzos; la humildad que solo viene con poder, cuando la plenitud del Espíritu Santo nos hace participes de la habitación de Jesús Cristo en nosotros, de Él viviendo dentro de nosotros. Segundo, *cuan impotente se es a toda enseñanza exterior y á todo esfuerzo personal para conquistar el orgullo o darse a la mansedumbre y la humildad de corazón.* Por tres años los discípulos habían estado en la escuela de entrenamiento de Jesús. Nuestro Señor Jesús les había dicho cuál era la principal lección que Él deseaba enseñarles: "Aprendan de Mí, que soy manso y humilde de corazón."[39]

Una y otra vez Jesús les había hablado de la humildad a los discípulos, a los fariseos, a la multitud, como el único camino a la gloria de Dios. No solo Jesús había vivido delante de ellos como el Cordero de Dios en Su divina humildad, sino que también, les había revelado el más íntimo secreto de su vida: "El Hijo del Hombre no vino para ser servido, sino para servir;"[40] "Más yo estoy entre vosotros como el que sirve."[41] Jesús había lavado los pies de los apóstoles, y les dijo que debían seguir Su ejemplo.[42] Y sin embargo, el ejemplo de Jesús poco les sirvió de provecho. En la última Santa Cena todavía los apóstoles estaban discutiendo quien sería el más grande.[43] Sin duda, los apóstoles habían tratado de aprender lo que Jesús les enseñaba, y habrían firmemente resuelto no causarle alguna aflicción; pero para enseñarles a los apóstoles y a nosotros la lección tan necesaria, que no hay instrucción que nos sea dada, ninguna, aún de Jesús mismo; ningún argumento sin importar cuán convincente sea; ninguna conciencia a profundidad de la belleza de la humildad; ningún esfuerzo o determinación, aunque sea el más sincero y serio puede arrojar al demonio del orgullo. Cuando Satán arroja a Satán, es solamente para entrar de nuevo con un poder mucho más poderoso aunque más secreto. Nada puede aprovechar sino esto, que la nueva naturaleza sea revelada con gran poder en su divina humildad, para tomar el lugar de la vieja naturaleza, para convertirse en nuestra propia naturaleza como si siempre lo hubiese sido. Tercero, *es tan solo por medio de Jesús habitando en nosotros, en Su divina humildad, que nos hace humildes.* Nosotros tenemos nuestro orgullo, que nos viene de otro, de Adán; por ello, nosotros debemos tener nuestra humildad del Otro Adán, Jesús Cristo.[44] El orgullo es nuestro, y nos gobierna con terrible poder, porque se trata de nosotros mismos, de nuestra misma naturaleza. Tan natural y fácil como nos es ser orgullosos, nos debe de ser también, o será ser humildes. La promesa es, aún en el corazón, cuando el pecado abundó, sobreabundó la gracia."[45] Todas las enseñanzas de Jesús a sus discípulos, y todos los vanos esfuerzos de ellos, fueron la preparación necesaria para Jesús entrar en ellos con poder divino, para darse a ellos y ser en ellos lo que les había enseñado que desearan.

Con su muerte, Jesús destruyó el poder del diablo, quitó de en medio el pecado y llevo a cabo nuestra redención eterna.[46] En Su resurrección, Jesús recibió del Padre una vida totalmente nueva, la vida de un hombre en el poder de Dios, capaz de ser comunicada a los hombres, y de entrar, renovar, y llenar sus vidas con el poder Divino de Dios. En Su ascensión, Jesús recibió el Espíritu del Padre, a través del cual, Él pudiera hacer lo que no pudo estando en la tierra, hacerse asimismo uno con todos aquellos que Él amó; en realidad vivir la vida de ellos para ellos, para que pudieran vivir ante el Padre en una humildad como la de Él, porque fue Jesús mismo quien vivió y sopló en ellos el Espíritu Santo.[47] Y en Pentecostés, Jesús vino y tomó posesión.

El trabajo de preparación y la convicción del Espíritu Santo, con el gran avivamiento del deseo y de la esperanza que las enseñanzas de Jesús habían llevado a cabo en los apóstoles, se perfeccionaron por el poderoso cambio que el Pentecostés provocó en ellos. Las vidas y las epístolas de Santiago, Pedro y Juan dan testimonio que todo había cambiado, y que el Espíritu del Jesús humilde y sufrido había en verdad tomado posesión de ellos. ¿Qué es lo que debemos decir de estas cosas? Estoy seguro que entre mis lectores, hay más de una clase; debe haber algunos quienes no habrán todavía pensado muy cuidadosamente este asunto, y no pueden darse cuenta de la inmensa importancia de esta interrogante en la vida de la Iglesia y para cada uno de sus feligreses.

Hay otros que se sienten condenados por sus errores, y han hecho esfuerzos verdaderamente serios, pero solo terminan fallando y decepcionándose. Otros más, puede ser que den gozoso testimonio de bendición espiritual y de poder, y aún así, nunca ha habido en ellos la necesaria conciencia de que la gente en derredor ve todavía en ellos falta de madurez espiritual. Puede que también haya otros más, que sean capaces de dar testimonio con respecto a esta gracia, también el Señor les ha dado liberación y victoria, mientras que les ha enseñado, cuanto todavía lo necesitan y puedan esperar el ser llenos de Jesús. Cualquiera que sea la clase de cristiano a la que se pertenece, quiero alentarte a que te des cuenta, de la necesidad apremiante que hay de hacer una búsqueda completa, de una muy profunda convicción, del lugar único que ocupa la humildad en la religión de Cristo, y la imposibilidad más absoluta de que la Iglesia o el creyente sean lo que Jesús Cristo quisiera que fuesen, en tanto que *Su Humildad no sea reconocida como Su principal gloria, Su primer y principal mandamiento, y su más grande bienaventuranza.*

Considera, querido lector profundamente, cuán lejos los discípulos habían avanzado, mientras que esta gracia de la humildad escaseaba terriblemente, y oremos a Dios que otros dones no nos satisfagan tanto, para que podamos captar el hecho de que la ausencia de esta gracia, es la causa secreta por la que el poder de Dios no puede hacer su poderoso trabajo. Solo es en nosotros, como en el Hijo, que verdaderamente mostramos que no podemos hacer nada por nosotros mismos, para que Dios lo haga todo. Es cuando la verdad de Cristo Jesús, del Salvador, quien habita en nosotros, y quien toma el lugar que reclama en la experiencia de los creyentes, que la Iglesia se pondrá sus hermosas vestiduras, y la humildad será vista por los maestros de la Iglesia y sus feligreses como la hermosura de la santidad.

CAPÍTULO 6

HUMILDAD EN LA VIDA DIARIA

"Si alguno dice: Yo amo a Dios, y aborrece a su hermano, es mentiroso. Pues el que no ama a su hermano a quien ha visto, ¿cómo puede amar a Dios a quien no ha visto?"

—1 Juan 4:20—

Que pensamiento tan solemne, que nuestro amor por Dios sea medido por medio de nuestras relaciones diarias y el amor que mostramos a nuestros semejantes; y que pasaría si encontráramos que nuestro amor por Dios es un engaño; pero si este amor por Dios es verdadero, esto se confirma en pasar la prueba de amor que se expresa diariamente con nuestros prójimos; así también es, con nuestra humildad. Es fácil pensar que somos humildes ante Dios; la humildad hacia los prójimos será la única prueba suficiente de que nuestra humildad ante Dios es real. Esa humildad ha tomado su morada en nosotros, y se ha convertido en nuestra verdadera naturaleza, de que en verdad, como Jesús Cristo, no consideró de hacerse una reputación para sí mismo.

Cuando se está en la presencia de Dios, la humildad de corazón se ha convertido, no en una postura que se asume por algún tiempo, sino que cuando pensamos en Dios o le oramos, en realidad es Su mismo espíritu en nuestra vida, que se manifiesta así mismo en todos las relaciones con nuestros semejantes. Esta gran lección es ciertamente, de profunda

31

importancia: la única humildad que es en verdad nuestra, no es aquella que tratamos de mostrar delante de Dios en oración, sino la que llevamos con nosotros, y mostramos, en nuestra conducta diaria; las insignificancias de la vida diaria son lo verdaderamente importante y las pruebas de la eternidad, porque ellas prueban cual es el espíritu que poseemos.

Es en los momentos en que no estamos conscientes de nuestro comportamiento, cuando realmente mostramos y vemos quienes realmente somos. Para conocer al hombre humilde, para conocer realmente como el hombre humilde se comporta, le debemos seguir en el curso ordinario de nuestro diario vivir. ¿No es esto lo que Jesús enseño? Jesús enseño sus lecciones de humildad, cuando los discípulos discutían quien sería el más grande; cuando Él vio como los fariseos amaban el lugar principal en las fiestas, y los asientos principales en las sinagogas; sin embargo, Jesús les había dado ejemplo lavando los pies de los apóstoles. Por esto, la humildad ante Dios no es nada, si no se prueba la humildad ante los hombres.

También fue así en las enseñanzas de Pablo. En su "Carta a los Romanos," Pablo escribe: "En cuanto a honra, prefiriéndoos *los unos a los otros;*"[48] "No altivos, sino *asociándoos con los humildes.* No seáis sabios en vuestra propia opinión."[49] Pablo escribió a los Corintios sobre el "Amor,"[50] y no hay amor sin humildad en su raíz, "El amor no se envanece, no es jactancioso, no busca lo suyo, no se irrita."[51] A los Gálatas, Pablo les escribe: "Servíos por amor *los unos a los otros.*"[52] "No nos vanagloriemos, irritándonos *unos a otros*, envidiándonos *unos a otros.*"[53] A los Efesios, Pablo escribió inmediatamente después de sus tres primeros capítulos, sobre la vida celestial: "Con toda humildad y mansedumbre, soportándoos con paciencia *los unos a los otros* en amor;"[54] "Dando siempre gracias por todo al Dios y

Padre, en el nombre de nuestro Señor Jesucristo. Someteos *unos a otros* en el temor de Cristo."[55]

Pablo escribió una epístola a los Filipenses: "Nada hagáis por contienda o por vanagloria; antes bien con humildad, *estimando cada uno a los demás* como superiores a él mismo."[56] "Haya pues en vosotros, este sentir que hubo también en Cristo Jesús, el cual, siendo en forma de Dios, no estimó el ser igual a Dios como cosa a que aferrarse, sino que se despojó a sí mismo, tomando forma de siervo, hecho semejante a los hombres; y estando en la condición de hombre, se humilló a sí mismo."[57] Y Pablo escribió a los Colosenses: "Vestíos, pues, como escogidos de Dios, santos y amados, de entrañable misericordia, de benignidad, de humildad, de mansedumbre, de paciencia soportándoos *unos a otros*, y perdonándoos *unos a otros* si alguno tuviere queja contra otro. De la manera que Cristo os perdonó, así también hacedlo vosotros."[58]

Es en nuestra relación con los demás, en el trato con nuestros semejantes, que se ve la verdadera humildad de la mente y del corazón. Estudiemos la humildad en la vida diaria a la luz de estas palabras. El hombre humilde busca en todo momento actuar de acuerdo a la regla, *En cuanto a honra, prefiriéndoos los unos a los otros;*[59] *Servíos por amor los unos a los otros;*[60] *Antes bien con humildad, estimando cada uno a los demás como superiores a él mismo;*[61] "Someteos unos a otros."[62] Nosotros hacemos la pregunta frecuentemente, de cómo podemos considerar a otras personas mejores que nosotros, cuando vemos que ellos están muy por debajo de nosotros en sabiduría y santidad, o en dones naturales y en la gracia recibida. La interrogante prueba inmediatamente, que poco entendemos lo que es la verdadera humildad de la mente.

La verdadera humildad viene cuando a la luz de Dios, nos vemos a nosotros mismos siendo nada, hemos consentido en dejar y arrojar al ego, para que Dios lo sea todo. El alma que ha hecho esto, puede decir: "Me he perdido a mí mismo para encontrarte;" y no se compara así mismo con otros. Esa alma ha renunciado a todo pensamiento de sí mismo en la presencia de Dios; se encuentra con sus semejantes como uno que es nada, y busca nada para sí mismo; quien es el siervo de Dios, y por su bien, un siervo de todos. Un siervo fiel puede que sea más sabio que su maestro, y aun así retener el verdadero espíritu y postura del siervo.

El hombre humilde mira al más débil e indigno hijo de Dios, y lo honra, y aún lo prefiere para honrarlo como al hijo de un Rey; es del mismo espíritu de Jesús, quien lavó los pies de los discípulos, quien hace gozoso para nosotros, ser en verdad los últimos, para ser los siervos los unos de los otros. El hombre humilde no siente celos o envidia. El hombre humilde puede alabar a Dios cuando otros son, antes que él, los preferidos y los bendecidos. Este hombre puede aguantar ver a otros ser alabados mientras que de él se olvidan, porque en la presencia de Dios, él ha aprendido a decir con el apóstol Pablo, "Yo soy nada."

Este hombre humilde ha recibido como el espíritu de su propia vida, el Espíritu Santo de Jesús, quien no se complació a sí Mismo, y no buscó Su propio honor. En medio de lo que consideramos tentaciones, a ser impacientes y susceptibles, tentaciones de pensamientos contenciosos y palabras afiladas, las cuales nos vienen como las fallas y pecados de nuestros semejantes, el hombre humilde lleva consigo la orden que repite en su corazón, y que muestra en su vida, "soportándoos unos a otros, y perdonándoos unos a otros si alguno tuviese queja en contra del otro. De la manera que Cristo os perdonó, así también hacedlo vosotros," (Colosenses 3:13).

Este hombre aprendió que al vestirse en el Señor Jesús Cristo, se ha vestido *como escogido de Dios, santo y amado, de entrañable misericordia, de benignidad, de humildad, de mansedumbre, de paciencia.*[63] Jesús ha tomado el lugar del ego, y así, ya no es una imposibilidad perdonar como Jesús perdonó; la humildad de este hombre no consistirá en puramente pensamientos o palabras de auto-depreciación, sino esta, como el apóstol Pablo lo dice, consiste en "un corazón de humildad," que incluye la compasión, la gentileza, la mansedumbre y la benignidad, es la dulce y humilde gentileza que se reconoce como el sello del Cordero de Dios.

Al esforzarse en obtener las más altas experiencias de la vida cristiana, el creyente esta siempre en peligro de hacer de su objetivo y aún de regocijarse en aquello que consideramos lo más humano, lo más viril; en virtudes tales como la audacia, el gozo, el desprecio por el mundo, el celo, el sacrificio personal, — aun los antiguos estoicos enseñaban y practicaban todo esto, mientras que aquellas gracias más profundas y tiernas, las más divinas y más celestiales, aquellas que Jesús primero enseñó estando en la tierra, porque trajo esas gracias del cielo; aquellas gracias que están realmente más conectadas con Su cruz y la muerte del ego, —pobreza de espíritu, mansedumbre, humildad, —las cuales, se les piensa escasamente o se les valora muy poco.

Por lo tanto, pongámonos un corazón de compasión, de gentileza, de humildad, de mansedumbre y benignidad; y probemos nuestra semejanza a Jesús Cristo, no solamente en nuestro celo por salvar a los perdidos, sino ante todo, en nuestra relación con nuestros hermanos cristianos, soportándonos y perdonándonos unos a otros, *así como el Señor nos ha perdonado.*

35

Hermanos cristianos, estudiemos la semblanza en la Bíblia del hombre humilde. Preguntemos a nuestros hermanos, y también preguntemos al mundo, si reconocen en nosotros la semejanza con el original. Contentémonos con tomar cada uno de los textos bíblicos como aquella promesa de lo que Dios ha de trabajar en nosotros, así como la revelación en palabras de como el espíritu de Jesús nos dará un nuevo nacimiento dentro de nosotros.

Dejemos, por consiguiente, que nuestras fallas y errores simplemente nos apremien a la humildad y mansedumbre del manso y humilde cordero de Dios, con la certeza de que Él está entronado en el corazón; Su humildad y gentileza será una de las corrientes de aguas vivas que fluyan dentro de nosotros.[64] Por lo tanto, otra vez permítaseme repetir lo que he dicho antes. Siento profundamente que los cristianos tengamos tan poco entendimiento de lo que la Iglesia sufre por falta de esta divina humildad. —El vaciarnos de nuestro ego, para hacer espacio para que Dios use su poder.

No ha pasado mucho tiempo desde que un cristiano, de espíritu humilde, y amoroso, quien era conocedor de los estados de algunas misiones cristianas en varias sociedades, expresó su gran tristeza porque en algunos casos el espíritu de amor al prójimo y la paciencia están tristemente ausentes. Mujeres y hombres, quienes están en Europa, pudiesen cada uno escoger su propio círculo de amigos, empero, si se juntaren con otros de mentalidad opuesta a la de ellos, encontrarían muy difícil el sobrellevarlos, el amarlos, y el mantener el Espíritu de unidad con el vínculo de la paz. Y aún aquellos, quienes debiesen ser compañeros, quienes se deberían ayudar siempre unos a otros a estar jubilosos, se convierten en un impedimento y en hastío. Y todo por una razón, la falta de humildad, la cual se debe estimar a sí misma como nada, la cual se regocija, en convertirse y ser estimada como la más pequeña, y solo busca como Jesús, ser una sierva, una ayudante y consuelo de otros, aún de los más pobres e indignos.

¿Y de dónde viene la humildad de los hombres que se han dado a sí mismos con alegría a Jesús Cristo, pero que encuentran muy difícil el darse a sí mismos a sus hermanos? ¿No es culpable la Iglesia, que ha enseñado tan poco a sus hijos, que la humildad de Cristo es la primera de las virtudes, la mejor de todas las gracias y poderes del Espíritu? Se ha enseñado tan poco que la humildad que se asemeja a la humildad de Cristo, es la que se pone de relieve y se predica primeramente con acciones que son tan necesarias y también posibles. ¡Pero no perdamos el ánimo! Sino que, al descubrir la falta de esta gracia nos mueva a esperar más en Dios.

Miremos con mayor respeto a todos nuestros hermanos quienes prueban nuestra paciencia o quienes nos son molestos, como el medio por el cual Dios nos da su bendita gracia, como el instrumento de Dios para nuestra purificación, para ejercitar la humildad de Jesús Cristo, la cual es la Vida misma que Jesús sopla dentro de nosotros. Tengamos tal fe en Todo lo de Dios, y en la nada del ego, que, como siendo nada ante nuestros propios ojos, nosotros con el poder de Dios, busquemos servirnos los unos a otros en amor.

CAPÍTULO 7

HUMILDAD Y SANTIDAD

"Que dicen: Estate en tu lugar, no te acerques a mí, porque soy más santo que tú; éstos son humo en mi furor, fuego que arde todo el día."

—Isaías 65:5—

Nosotros hablamos del movimiento de Santificación en nuestros tiempos, y alabamos a Dios por ello. Escuchamos con insistencia de aquellos que buscan santidad, profesores de santidad, de enseñanzas en santidad, y encuentros de santidad. Se hace hincapié como nunca antes, de las benditas verdades de la santidad en Cristo, y la santidad por la fe. La gran prueba de si la santidad que profesamos buscar u obtener, es verdadera y vive, es aquella que se manifiesta en el aumento de humildad en nosotros que esta produce. En la creatura, la humildad es la única cosa necesaria para permitir que la santidad de Dios viva en él y brille a través de él. Es Jesús, el Santo de Dios quien nos hace santos. Una humildad divina, la cual, fue el secreto de la vida de Jesús Cristo, Su muerte, y Su exaltación; la única prueba infalible de nuestra santidad es la humildad ante Dios y los hombres, la cual será nuestro sello distintivo. La humildad es la flor y la belleza de la santidad.

La principal marca de una santidad falsa es su falta de humildad. Todos los cristianos que buscan la santidad necesitan estar alertas, no sea que inconscientemente lo que se inició en el espíritu, se perfeccione en la carne y en el orgullo, y se asiente donde su presencia sea menos esperada. Dos hombres fueron al templo a orar; uno un fariseo, el otro un publicano. No hay un lugar o posición que sea tan sagrada como la del fariseo, que entra en el templo. El orgullo puede levantar su cabeza aun en el templo de Dios, y hacer de la adoración a Dios, la escena de su propia exaltación. Como Cristo había realmente expuesto, el orgullo del fariseo, este se puso el atuendo del publicano, y de confesor de profundo pecado, para verse en igualdad con el profesor de la más alta santidad. ¡Se debe de estar en guardia! Así como entramos con ansia para postrar nuestro corazón en el templo de Dios, encontramos que ambos hombres, el publicano y el fariseo han venido a orar. Y el publicano encontrará que el peligro no proviene del fariseo a su lado, quien lo desprecia, sino del fariseo dentro de él, quien lo elogia y lo exalta. En el templo de Dios, cuando pensamos que estamos en el lugar más santo de todos, en la presencia de la santidad de Dios, estemos conscientes del orgullo.

"Un día vinieron a presentarse delante de Jehová los hijos de Dios, entre los cuales vino también Satanás."[65] "Dios, te agradezco, que yo no soy como el resto de los hombres, ni siquiera como este publicano."[66] Es en aquello que es la causa de nuestro agradecimiento, en el autentico agradecimiento que le rendimos a Dios, puede ser aún en la verdadera confesión de que Dios es creador de todo, que el ego encuentre una causa de complacencia. Aún cuando en el templo, solo se escucha el lenguaje de penitencia y confianza en la misericordia del Dios Único, el fariseo puede tomar la nota de alabanza, y en dar gracias a Dios felicitarse a sí mismo. El orgullo se puede vestir con el atuendo de alabanza o de penitencia. Aun cuando las palabras, "Yo no soy como el resto de los hombres," son rechazadas y condenadas, el espíritu de estas palabras se puede encontrar en nuestros sentimientos y lenguaje hacia nuestros hermanos cristianos y a nuestros prójimos. Confirmarías que en verdad es así, si escuchas la manera en la cual las iglesias y los cristianos con frecuencia hablan los unos de los otros.

Que poco vemos de la humildad y la gentileza de Jesús. Se recuerda tampoco que una profunda humildad debe ser la nota dominante en las conversaciones de los siervos de Jesús Cristo consigo mismos y con otros. No hay suficiente iglesias o asambleas de santos; ni tampoco hay suficientes misiones o convenciones; no existen suficientes sociedades o comités; aún, no hay suficientes misiones en lugares donde el paganismo domina, donde la armonía ha dado paso al disturbio y se ha impedido el trabajo de Dios, porque habiendo sido probados aquellos que son considerados como santos, han resultado ser demasiado susceptibles, impetuosos e impacientes, recelosos, queriendo salirse siempre con la suya, haciendo juicios mordaces y uso de palabras crueles, no vieron a otros como mejores que ellos mismos, ya que su susodicha santidad tiene muy poco de la mansedumbre de los santos?[67]

Los seres humanos, en su historia espiritual puede que hayan tenido una gran humildad y quebrantamiento, pero cuan diferente es esto de vestirse de humildad, de tener un espíritu humilde, de tener la humildad de la mente con la cual se cuenta así mismo como el siervo de todos, y que se muestra en adelante como la misma mente que existió en Jesús Cristo. *¡Estate en tu lugar; porque yo soy más santo que tú!*[68] ¡Qué parodia de santidad! Jesús nuestro Señor, es quien es Santo; el más santo siempre será el más humilde. No hay más santo que Dios; nosotros tenemos tanta santa santidad como tenemos de Dios. Y de acuerdo a lo que tenemos en nosotros de Jesús, así será nuestra humildad, porque la humildad es simplemente, la desaparición del ego, en la visión de que Dios lo es todo.

El más santo será siempre el más humilde. Aunque al judío jactancioso, tan descarado de los días de Isaías no se le encuentra con frecuencia, — porque aún nuestros modales nos han enseñado a no hablar de esa manera. Desafortunadamente, cuán frecuentemente, a su espíritu todavía se le ve, ya sea en el trato con nuestros hermanos de santidad, o con los hijos del mundo. En el espíritu en el cual, se dan las opiniones, donde llevamos a cabo el trabajo, y las faltas son expuestas con tanta frecuencia, aunque la vestidura sea aquella del publicano, la voz es todavía la del fariseo: "O Dios, Te agradezco que yo no soy como otros hombres."

¿Y todavía se encuentra tal humildad, que en verdad los hombres todavía se cuenten así mismos, "menos que el más pequeño de todos los santos,"[69] los siervos de todos? ¡Si existe esa humildad! "El amor no se vanagloria, no es jactancioso, no busca lo suyo."[70] Donde el espíritu del amor se derrama en el corazón y se comparte con otros, donde la divina naturaleza ha venido a nacer completamente, donde Cristo el manso y humilde Cordero de Dios se ha formado en verdad dentro de nosotros, se nos da el poder de un amor perfecto que se olvida de sí mismo y encuentra su bendición en bendecir a otros, en sobrellevarlos, y honrarlos, sin importar lo débiles que sean. Donde este amor entra, ahí Dios entra. Y donde Dios ha entrado con Su gran poder, y se ha revelado así Mismo como Todo, ahí la creatura se vuelve nada. Y donde la creatura se vuelve nada ante Dios, no puede ser ninguna otra cosa que humilde hacia sus semejantes. La presencia de Dios se convierte no en una cosa de temporada o estaciones, sino en la cubierta bajo la cual, el alma vive por siempre, y su más profunda humillación, que ante Dios, se convierte en el lugar santo de Su presencia, donde todas sus palabras y trabajos proceden.

Quiera el Señor enseñarnos que nuestros pensamientos, palabras y sentimientos para nuestros prójimos, son como Dios prueba nuestra humildad hacia Él; este es el único poder que nos puede capacitar para ser siempre humildes con todos nuestros semejantes. Nuestra humildad debe ser la vida de Jesús Cristo, del Cordero de Dios, dentro de nosotros. Que todos los maestros de santidad, sea en el púlpito o en la plataforma, y que todos los buscadores de santidad, ya sea en el closet o en la convención, tengan mucho cuidado. No existe orgullo más peligroso porque ninguno es más sutil e insidioso, como el orgullo de la santidad.

No es que el ser humano alguna vez diga, o alguna vez piense, "Estate en tu lugar; porque yo soy más santo que tú." No, en verdad, el pensamiento sería visto con repugnancia. Pero ahí es donde crece el orgullo, del todo inconscientemente; un hábito escondido del alma, el cual siente complacencia de sus logros, y no puede evitar ver cuán lejos ha avanzado comparado con otros.

Se puede reconocer al orgullo, no siempre con cualquier afirmación, o con adulación de sí mismo, sino simplemente en la ausencia de esa profunda humildad que no puede ser otra, más que el sello del alma que ha visto la gloria de Dios, (Job 42:5-6; Isaías 6:5).[71] La humildad se revela así misma no solo en las palabras y el pensamiento, pero también en el tono, en la manera en la que hablamos a otros.

Quienes tienen el don de discernimiento espiritual no pueden más que reconocer el poder del ego; aún el mundo con sus ojos tan penetrantes, nota al orgullo, y lo señala, como una prueba de que la profesión de una vida angelical no conlleva en especial, ninguno de los frutos del cielo. ¡Oh hermanos, estemos alerta! A menos que, nosotros hagamos de nuestra materia de estudio el aumento de nuestra humildad, avanzando en todo aquello que pensamos que es la santidad, encontraremos que solamente hemos estado deleitándonos en pensamientos y en sentimientos hermosos, en actos solemnes de consagración y fe, mientras que la única marca de la presencia de Dios, la desaparición del ego, estuvo ausente todo el tiempo. Ven, corramos al encuentro de Jesús, y escondámonos en Él, hasta que seamos vestidos con Su humildad. Esa, Su humildad solamente, es nuestra santidad.

CAPÍTULO 8

HUMILDAD Y PECADO

"Pecadores, de los cuales yo soy el primero."

—1 Timoteo 1:15.[72]—

Frecuentemente, a la humildad se le ha identificado con penitencia y contrición. Como consecuencia, parece que no hay manera de fomentar la humildad sino por medio de mantener al alma ocupada con su pecado. Nosotros hemos aprendido, yo pienso, que la humildad es otra cosa, y algo más. Nosotros hemos visto que en las enseñanzas de Jesús Cristo, y en las epístolas, con mucha frecuencia, la virtud de la humildad es inculcada sin ninguna referencia al pecado. En la autentica naturaleza de las cosas, en la relación entera de la creatura con el Creador, en la vida de Jesús como Él la vivió, y nos la impartió, la humildad es la verdadera esencia de la santidad, y la esencia de todas las bienaventuranzas.

La humildad es el desplazamiento de nuestro ego por la entronización de Dios, donde Dios lo es todo, y el ego es nada. Pero pensándolo bien, acerca de este aspecto de la verdad, he sentido realmente la necesidad urgente de decirte que nueva profundidad e intensidad el pecado del hombre y la gracia de Dios da a la humildad de los santos. Solamente tenemos que observar a un hombre como el apóstol Pablo, para ver cómo a través de su vida, como un hombre redimido y en verdad, santo, tuvo una profunda e inextinguible conciencia de haber sido un

44

pecador. Todos hemos leído en las epístolas de Pablo, en las cuales el apóstol Pablo se refiere a su vida persiguiendo a los cristianos y blasfemando como él se ve a sí mismo: *Soy el menor de los apóstoles, que no soy digno de ser llamado un apóstol,* "porque he perseguido a la Iglesia de Dios; "Pablo nos dice: "Yo trabajo más abundantemente que todos ellos; aún así, no yo, pero la gracia de Dios la cual estaba conmigo," (1 Corintios 15:9-10);[73] la humildad de Pablo: "A mí, que soy menos que el más pequeño de todos los santos, me fue dada esta gracia de anunciar entre los gentiles el evangelio, de las inescrutables riquezas de Cristo," (Efesios 3:8). Pablo nos dice: "Habiendo yo sido antes blasfemo, perseguidor, e injuriador; mas fui recibido a misericordia porque lo hice por ignorancia, en incredulidad," (Timoteo 1:13); "Cristo Jesús vino al mundo para salvar a los pecadores, de los cuales yo soy el primero,"[74] (1 Timoteo 1:15).

La gracia de Dios salvó a Pablo; Dios no se acordará más de sus pecados por siempre; [75] pero jamás podrá Pablo olvidar cuan terriblemente el pecó. Cuanto más Pablo se regocijo en la salvación de Dios, más la experiencia de la gracia de Dios lo lleno de inexplicable alegría; cuanto más clara era su conciencia de que él era un pecador que había sido salvado, más precioso y real era para el que la salvación no tenía significado, ni tenía dulzura sin la verdadera noción de saberse un pecador. Nunca, ni por un momento pudo Pablo olvidar que fue Dios quien tomo a un pecador en Sus brazos y lo coronó con Su amor. Los textos Bíblicos que acabamos de mencionar son frecuentemente citados como la confesión de Pablo de su diario pecar; sin embargo, solamente tenemos que leer cuidadosamente estos versos en conexión, para ver qué tan poco este es el caso. Estos versos tienen un mayor significado; ellos se refieren a aquello que perdura a través de la eternidad, y los cuales nos dan su más profundo trasfondo de admiración y adoración a la humildad con la cual el redimido se inclina en reverencia hacia el trono, como aquellos que han sido lavados de sus pecados en la sangre del Cordero de Dios. Nunca, jamás, aun en la gloria, los santos de Dios, pueden ser otra cosa, más que pecadores redimidos; nunca, ni por un momento en esta vida puede un hijo de Dios vivir lleno de la luz de Su Amor, sin sentir que el pecado, del cual ha sido salvado, es solamente su único derecho y título a todo lo que la gracia le ha prometido hacer.

La humildad con la cual San Pablo vino como pecador, adquiere un nuevo significado cuando Pablo aprende que esto le conviene como a la creatura. Entonces, por siempre, la humildad en la cual Pablo nació como una creatura, tiene sus más profundos y ricos matices de adoración, en la memoria de lo que es un monumento del maravilloso amor de redención de Dios. El verdadero significado de lo que las expresiones de San Pablo nos enseñan con gran eficacia, es el hecho sobresaliente de que, a través de todo su caminar cristiano, nosotros no encontramos de su pluma, aún en aquellas epístolas en las cuales tenemos los desahogos personales más intensos, ninguna cosa como la confesión del pecado. En ningún lugar hay una mención de defectos o fallas; en ningún lugar una sugestión a sus lectores, de que él ha fallado en sus deberes, o pecado en contra de la ley del amor perfecto. Todo lo contrario, hay pasajes, no pocos, en los cuales Pablo nos da evidencia de sí mismo, haciendo uso de un lenguaje que significaría nada, si no fuera porque nos habla de una vida impecable, sin falla ante Dios y los hombres:

"Vosotros sois testigos, y Dios también, de cuán santa, justa e irreprensiblemente nos hemos comportado con vosotros los creyentes," (1 Tesalónicos 2:10); El apóstol Pablo nos dice del poder de la gracia: "Porque nuestra gloria es esta: el testimonio de nuestra conciencia, que con sencillez y sinceridad con Dios, no con sabiduría humana, sino con la gracia de Dios, nos hemos conducido en el mundo, y mucho más con vosotros,"(2 Corintios 1:12). Esto no es en si mismo, un ideal o una aspiración; sino que es un llamarnos la atención, a lo que verdaderamente había sido la vida del apóstol Pablo.

De cualquier manera, nosotros nos damos cuenta que esta falta de confesión del pecado por parte del apóstol Pablo, todos admitirán, nos enseña una vida en el poder del Espíritu Santo, tal como debería de esperarse que sea vivida en estos nuestros días. El punto que he querido enfatizar es este, —que la verdad sobre la ausencia de la confesión del pecado por parte de Pablo, solo da más fuerza a la realidad de que no es en el diario pecar que se encuentra el secreto de una humildad más profunda, sino que es en el darse cuenta, sin olvidarnos ni por un momento, de nuestra posición como pecadores, de que solo la más abundante gracia, mantiene a la humildad singularmente viva; que nuestro verdadero lugar, el único lugar de bienaventuranza, es nuestro lugar permanente ante Dios; este lugar debe ser el de quienes tienen por su alegría más grande confesar, que son pecadores salvados por la gracia. Pablo tenía el más profundo recuerdo de haber pecado terriblemente en el pasado antes de que la gracia lo encontrara; él estaba en verdad, muy consciente de haber sido apartado del presente pecado.

Por esto, la memoria del terrible pecado había siempre estado aunada a la remembranza permanente del oscuro poder oculto del pecado siempre listo a entrar, y solamente dejado fuera por la presencia del poder del Cristo quien vive dentro de nosotros. "En mí, esto es, en mi carne, vive nada bueno;"[76] Estas son palabras de la epístola que escribió a los Romanos, Capítulo 7, que describen a la carne tal cual es, hasta el final. La gloriosa redención del Capítulo 8, — "Porque la ley del Espíritu de vida en Jesús me ha librado de la ley del pecado y de la muerte, que alguna vez me mantuvo captivo,"[77]—no es el aniquilamiento, ni la santificación de la carne, sino una continua victoria que nos da el Espíritu Santo, mientras que Él mortifica las obras del cuerpo.

Como la salud expulsa a la enfermedad, y la luz se traga a la obscuridad, y la vida conquista a la muerte, el Cristo que vive en nosotros a través del Espíritu Santo, es la salud, es la luz, y la vida del alma. Es en la convicción de nuestra impotencia, y en el serio peligro que nos templa la fe, en la inquebrantable y momentánea acción del Espíritu Santo, el que nos procura un sentimiento de penitencia, de absoluta dependencia de Dios; y esto nos proporciona la más alta fe y la alegría de los siervos, de una humildad que solo vive por la gracia de Dios. Los tres pasajes mencionados nos muestran, que es solo la maravillosa gracia conferida a Pablo, y de la cual sentía necesidad a cada momento, que lo hizo tan humilde. La gracia de Dios que estaba con Pablo, y que lo capacitó para trabajar tan arduamente, más que todos los demás; la gracia estaba presente para predicar a los paganos acerca de las inescrutables riquezas de Cristo; la gracia que fue tan abundante, junto con la fe y el amor, los cuales están en Cristo Jesús.

Fue esta gracia, la cual es la verdadera naturaleza y es la gloria de Dios para los pecadores, la que mantuvo la conciencia intensamente viva de Pablo de haber sido un gran pecador, y de haber sido culpable de haber pecado, empero, "más cuando el pecado abundó, sobreabundó la gracia."[78] Esto nos revela, como la verdadera esencia de la gracia es tratar al pecado y removerlo, y como esto debería ser siempre: Cuanto más abundante es nuestra experiencia de la gracia de Dios, cuanto más intensa es la conciencia de ser un pecador. No es el pecado sino la gracia de Dios que muestra al hombre su pecado y siempre le recuerda cuan pecador él fue, para mantenerlo verdaderamente humilde. No es el pecado, sino la gracia, que me hará verdaderamente conocerme a mí mismo como pecador, haciendo del pecado, ese lugar de profunda humillación, el lugar que nunca dejaré. Temo que no son pocos aquellos, los que con fuertes expresiones de auto-condenación, y auto-denuncia han buscado humillarse, y se han tenido que confesar con dolor, que un espíritu en verdad humilde, un "corazón de humildad," con todos sus respectivos acompañantes, como son el ser amables, tener compasión, la mansedumbre, y el dominio sobre sí mismo están siempre tan lejanos.

Estar ocupados con nosotros mismos, aún en medio del aborrecimiento que sentimos por nosotros mismos, no puede liberarnos de nosotros mismos. Es la revelación de Dios, no solo por medio de la ley que condena el pecado, sino también por Su gracia, liberándonos del pecado, lo que nos da humildad. La ley nos puede romper el corazón con miedo; solo la gracia que trabaja esa dulce humildad, se convierte en alegría para el alma, como su segunda naturaleza. Ha sido Dios quien se reveló en Su santidad, acercándose a nosotros para hacerse conocer en Su gracia, lo que hizo que Abraham y Jacobo, Job e Isaías, le dieran reverencia a Dios, con tan profunda humildad. Es el alma que espera, que confía y adora a Dios Creador, como el Todo de la creatura en su nada; Dios el redentor en Su gracia, el Todo para el pecador en su pecado, que se encuentra lleno de la presencia de Dios, que no hay lugar para el ego.

Así es que, por sí misma, la promesa de Dios se puede cumplir: "La altivez del hombre será abatida, y Jehová solo será exaltado en aquel día"[79] Es el pecador que vive en la perfecta luz de la santidad de Dios, en su amor redentor, en la experiencia de ese completo vivir en el amor divino, la cual viene a través de

Jesús y el Santo Espíritu, quien no puede más que ser humilde. No estar ocupado con el pecado, sino estar ocupado con Dios, es lo que produce la liberación del ego.

CAPÍTULO 9

HUMILDAD Y FE

"¿Cómo podéis vosotros creer, pues recibís gloria los unos de
los otros, y no buscáis la gloria que viene
del Dios único?"

—Juan 5:44—

Recientemente, escuchamos un discurso en el cual, el orador dijo, que las bendiciones de lo mejor que hay en la vida cristiana, eran generalmente como los objetos en exposición en el escaparate de una tienda. Podemos ver los objetos claramente, pero no podemos alcanzarlos. Si se nos dice que estrechemos nuestra mano y tomemos los objetos, una persona bien pudiera contestar, "no puedo, hay un vidrio grueso entre los objetos y yo."

Y aún cuando los cristianos pueden ver claramente las benditas promesas de paz perfecta y descanso, de abundante amor y de alegría, de perdurable comunión y de una vida muy fructífera, y aún así sentir que hay algo que nos impide la buena posesión de los mismos. ¿Y que puede ser eso? *Nada más que el orgullo.*

Las promesas hechas en fe son muy libres y muy seguras; las invitaciones e incentivos son fuertes; el gran poder de Dios lo podemos contar como cercano y libre; solo puede haber algo que impida la fe, que dificulte que las bendiciones sean nuestras. En nuestro verso Bíblico, Jesús Cristo nos pone al descubierto de que es en verdad el orgullo que hace imposible la fe. "¿Cómo podéis vosotros creer, pues recibís gloria los unos de los otros?" Así como podemos ver en su verdadera naturaleza, que el orgullo y la fe son incompatibles e inconsistentes, debemos aprender que la fe y la humildad son una en su raíz, y que nunca podremos tener más de la verdadera fe, sin tener una verdadera humildad. Nosotros veremos que podemos en verdad tener una convicción intelectual fuerte y certeza de la realidad, aún mientras el orgullo permanece en nuestro corazón, pero que esto mismo hace de la fe viva, la cual tiene poder con Dios, una imposibilidad.

Nosotros solo necesitamos pensar por un momento lo que la fe es. ¿No es acaso la confesión de nuestra nada e impotencia, el rendirse y esperar dejando que Dios trabaje? ¿No es la fe en sí misma la cosa más humilde que pudiera ser, —la aceptación de nuestro lugar como dependientes, quienes pueden clamar, obtener o hacer nada más que lo que la gracia nos otorga? La humildad es simplemente la disposición que prepara al alma para vivir confiados en Dios. Y todo, aún el más secreto respiro de orgullo, de egoísmo, de hacer nuestra voluntad, de exaltarnos a nosotros mismos, es solo el fortificar a ese ego que no puede entrar al reino de Dios, o poseer las cosas del reino, porque el ego rechaza permitir a Dios ser lo que Él es y debe de ser, el Todo en Todos.

Fe es el órgano o sentido de la percepción y comprensión del mundo celestial y sus bendiciones. La fe busca la gloria que proviene de Dios, que solo viene cuando Dios lo es Todo. En tanto nosotros tomemos la gloria de otro, en tanto nosotros siempre busquemos y amemos, y con celo custodiemos la gloria de esta vida, el honor y la reputación que viene de los hombres y del mundo, nosotros no buscaremos, y no podremos recibir la gloria que viene de Dios.

El orgullo hace que la fe sea imposible. La salvación viene a través de una cruz y un Cristo crucificado. La salvación es el compañerismo con el Cristo crucificado en el espíritu de Su cruz. La salvación es la unión y el deleite con la humildad de Jesús, la salvación es la participación en la humildad de Jesús.

¿Acaso nos asombra que nuestra fe es tan débil, cuándo el orgullo que todavía reina tanto en nosotros, porque tenemos escasa comprensión aún de anhelar o hacer oración para pedir a Dios humildad, como la parte más necesitada y bendecida de la salvación? Humildad y fe están estrechamente relacionadas en la Santa Escritura, aún más de lo que muchos pudieran reconocer. Lo vemos en la vida de Cristo.

Hay dos casos en los cuales Él hablo de una gran fe. ¿No se maravilló Jesús de la fe del centurión, quien dijo, "Señor, no soy digno de que entres bajo mi techo,"[80] por lo que Jesús dijo, "De cierto os digo, que ni aún en Israel he hallado tanta fe?"[81] ¿Y qué Jesús no le hablo a la madre, "Oh mujer, grande es tu fe,"[82] ella quien había aceptado ser contada entre los perros, le dijo, "Sí, Señor; pero aún los perrillos comen de las migajas que caen de la mesa de sus amos?"[83] Es la humildad que causa que el alma sea nada ante Dios, que también remueve todo impedimento a la fe, y la humildad hace que tengamos menos miedo para no deshonrarle por no confiar en Dios totalmente. Hermano, ¿no tenemos aquí la causa de que fallemos en la búsqueda de la santidad? ¿No es esto acaso, aunque no lo supiésemos, que hace nuestra consagración y nuestra fe tan superficial y de tan corta vida? No teníamos ninguna idea en qué medida el orgullo y el ego estaban secretamente trabajando dentro de nosotros, y como Dios solamente por Su entrar en nosotros y por Su gran poder puede arrojarlos. Nosotros entendimos, como nada más que la nueva y divina naturaleza toman totalmente el lugar de nuestro viejo ego, y es esto lo que nos puede hacer verdaderamente humildes.

Nosotros desconocíamos, que la verdadera humildad, absoluta, constante y universal, debe de ser la raíz de nuestra completa disposición a toda oración y a todo acercamiento a Dios, así como de todos nuestros tratos con nuestros semejantes. Y puede ser que también pudiésemos aspirar a ver sin los ojos, o a vivir sin respirar, lo cual es tanto como creer que podemos allegarnos a Dios o vivir en su amor, sin la omnipresente humildad y mansedumbre de corazón.[84]

Hermano, ¿no nos habremos equivocado en tomarnos demasiadas molestias para creer, mientras que todo el tiempo ahí estaba el viejo ego, en su orgullo, buscando la posesión misma de las bendiciones de Dios y de sus riquezas? ¿No nos maravilla que no pudiéramos creer? Cambiemos de dirección. Busquemos primero que nada, el ser humildes bajo la mano poderosa de Dios: *Él nos exaltará.* La cruz, la muerte, y la tumba, con las cuales Jesús se humilló a sí Mismo, fueron su camino a la gloria de Dios. Y son ellas mismas nuestro camino. Dejemos que nuestro único deseo y nuestra más ferviente oración sea, ser humildes con Él y agradarle; aceptemos contentos lo que sea que nos haga humildes ante Dios y los hombres; esto es por sí mismo, el camino a la gloria de Dios.

Hemos hablado de algunos cristianos que han tenido experiencias bienaventuradas, o que son ellos los medios para traer bendiciones a otros, y sin embargo, les falta humildad. Tú quizás te sientas inclinado a hacer una pregunta. Tú formulas la pregunta, si esto no prueba que ellos tienen fe verdadera, y aún más, si esta es una fe fuerte, aunque ellos muestren claramente que buscan demasiado el honor que proviene de los hombres.

Se puede dar a esta pregunta más de una respuesta. Pero la principal respuesta a nuestra presente pregunta es esta: Ellos tienen una medida de fe, en proporción a las bendiciones que ellos traen a otras personas con los dones especiales que les fueron otorgados. Sin embargo, en esa verdadera bendición, el trabajo de su fe es inhabilitado, por la falta de humildad. La bendición es frecuentemente superficial o transitoria, solo porque ellos no son la nada que abre el camino para que Dios lo sea todo. Una humildad más profunda, sin duda alguna, traería una bendición más profunda y plena.

El Espíritu Santo actúa, no solo trabajando en ellos como un Espíritu de poder, sino viviendo en ellos en la plenitud de Su gracia, y especialmente en la humildad; por medio del Espíritu Santo se comunica Dios mismo con estos conversos para una vida de poder, de santidad y de perseverancia, tan poco vista en nuestros días."¿Cómo podéis vosotros creer, pues recibís gloria los unos de otros?"[85] ¡Hermano! Nada puede curarte del deseo de recibir gloria de los hombres, o de la molestia, el dolor y aún el enojo cuando no se nos da esa gloria; lo único que nos puede curar es entregarnos nosotros mismos en la búsqueda solamente de la gloria que viene de Dios. Deja que la gloria del Dios Todo-glorioso sea todo para ti. Tú serás así libre, de la gloria de los hombres y del ego, y te contentarás y te alegrarás de ser nada. De esta nada, tú crecerás fuerte en la fe, dando gloria a Dios, y encontrarás que lo más profundo nos hundimos en la humildad ante Dios, lo más cerca Él está para cumplir todos los deseos de tú fe.

CAPÍTULO 10

HUMILDAD
Y LA MUERTE DEL EGO

"Y estando en la condición de hombre, se humilló a sí mismo,
haciéndose obediente hasta la muerte,
y muerte de cruz."

—Filipenses 2:8—

La humildad es el camino a la muerte, porque es en la muerte que la humildad muestra la prueba más grande de su perfección. La humildad es la flor de la cual la muerte del ego es el fruto perfecto. Jesús se humilló a sí mismo hasta la muerte, y abrió el camino en el cual nosotros debemos caminar. Como no había manera que Jesús pudiera probar Su entrega absoluta a Dios, o someterse y alzar nuestra naturaleza humana a la gloria del Padre, más que a través de la muerte, así es también con nosotros. Es la humildad, la que lleva al cristiano a morir a sí mismo; de esta manera, probamos cuán completamente nos hemos entregado a la humildad y a Dios; solamente así, nos libramos de nuestra naturaleza caída, y encontramos el camino que lleva a la vida en Dios, a esa plenitud del nacer a la nueva naturaleza, de la cual la humildad es la respiración y el gozo.

Nosotros hemos hablado de lo que nuestro Señor Jesús hizo por sus discípulos cuando Jesús Cristo les comunicó su vida de resurrección, cuando descendió el Espíritu Santo; Jesús, la humildad glorificada y entronada, en verdad vino Él mismo desde el cielo para vivir en nosotros. Jesús ganó el poder de hacer esto, a través de su muerte: En su misma naturaleza, la vida que Jesús impartió, fue una vida que vino de la muerte, una vida que se entregó a la muerte, y que fue ganada a través de la muerte.

Jesús, quien vino a vivir en los discípulos, fue él mismo Jesús que murió y que ahora vive para siempre; La vida de Jesús, Su persona, Su presencia, llevan la marca de la muerte, de ser una vida engendrada de la muerte. Esa vida en sus discípulos, por siempre lleva las marcas de la muerte de Cristo también; es solo como el Espíritu de la muerte, del Dios Único que murió, que vive y trabaja en el alma, que el poder de Su vida puede ser conocido. La primera y la principal de las marcas del morir de nuestro Señor Jesús Cristo, de las marcas de muerte que muestran al cristiano que sigue verdaderamente a Jesús, es la humildad. Por estas dos razones: Solo la humildad nos lleva a la muerte perfecta; Solo la muerte perfecciona a la humildad. La muerte y la humildad son en su misma naturaleza una: la humildad es el brote; en la muerte, el fruto se madura a la perfección.

La Humildad nos lleva a la muerte perfecta. —La humildad significa el entregarse uno mismo, tomando el lugar que nos corresponde, de ser perfectamente nada ante Dios. Jesús se humilló, haciéndose obediente hasta la muerte.[86] En la muerte, Él dio la más alta, la más perfecta prueba de haber dado Su voluntad a la voluntad del Padre. En la muerte, Jesús renunció a su ego con la natural reluctancia a beber la copa; Él renunció a la vida que tenía en unión con nuestra naturaleza humana; Jesús murió a sí mismo, y al pecado que lo tentó; así es que como hombre, Jesús entro en la vida perfecta con Dios. Si no fuese por su humildad sin límites, contándose Él mismo como nada, sino un siervo obediente para hacer y sufrir la voluntad del Dios, Jesús nunca hubiese muerto. Todo esto nos da la respuesta a la pregunta que nos formulamos con frecuencia, y de la cual el significado raramente se comprende con claridad: ¿Cómo puedo morir a mí mismo?

La muerte del ego no es tu trabajo, es el trabajo de Dios. En Cristo tú has muerto al pecado; la vida que está en ti pasó por el proceso de muerte y resurrección; tú quizás puedas tener la certeza que en verdad has muerto al pecado. Empero, la verdadera manifestación del poder de esta muerte está en tu propia disposición y conducta, que depende de la medida en la cual el Espíritu Santo imparte el poder de la muerte de Cristo. Y es aquí que la enseñanza es necesaria: Si tú entras en unión con Cristo en Su muerte, y quieres saber de la liberación plena del ego, se humilde ante Dios. Este es tu único deber.

Ponte en completo estado de impotencia frente a Dios; consiente de todo corazón que es un hecho tu impotencia de hacerte morir o vivir; sumérgete en tu nada, en el espíritu de humildad, paciencia y confianza rendido a Dios. Acepta cada humillación, mira a cada semejante que te hace sufrir o que te fastidia, como un medio que la gracia utiliza para hacerte humilde. Usa cada oportunidad de ser humilde ante tus prójimos, como una ayuda para permanecer humilde ante Dios. El Señor aceptará tu humildad como una prueba de que todo tu corazón desea ser humilde, como la mejor oración, como preparación de Su gran trabajo de gracia; cuando por el poderoso reforzamiento de Su Espíritu Santo, el Padre revela a Cristo completamente en ti; para que Jesús, en Su forma de siervo, sea verdaderamente formado en ti y viva en tu corazón.

Es el camino de la humildad, aquél que nos lleva a la muerte perfecta, la total y perfecta experiencia de que estamos muertos en Jesús Cristo. Por consiguiente: *Solo esta muerte lleva a la perfecta humildad.* ¡Ay! Ten cuidado del error que muchos cometen, que se sienten obligados a ser humildes, pero tienen miedo de ser muy humildes. Ellos tienen muchos títulos profesionales y muchas limitaciones, demasiados razonamientos y muchas preguntas, acerca de que debe de ser, y hacer la verdadera humildad; por eso, ellos nunca se rinden sin reservas a la humildad. ¡Ten cuidado de esto! Hazte humilde hasta la muerte. Es en la muerte del ego que la humildad se perfecciona. Ten la seguridad de que en la verdadera raíz de toda experiencia autentica de más gracia, de todo avance en consagración, de todo adelanto real en conformarse a la semejanza de Jesús, debe de haber una muerte al ego que se prueba a sí misma, a Dios, y a los hombres en nuestras disposiciones y hábitos.

Tristemente, es posible hablar de muerte y de vida, y de caminar en el Espíritu, mientras que el más tierno amor no puede más que ver cuánto hay de ego. La muerte del ego no tiene más segura marca de muerte que una humildad que no se hace a si misma de una reputación, que se vacía a sí misma, y toma la forma de un siervo. Es posible hablar mucho y honestamente de la unión con el Jesús despreciado y rechazado, y de cargar con el peso de Su cruz, mientras que al manso y al humilde Cordero de Dios no se le vea, o escasamente se le busque. El Cordero de Dios significa dos cosas, —mansedumbre y muerte. Busquemos recibirlo a Él en ambas formas. En Él son inseparables. Por esto, también debe de ser así en nosotros. Que tarea sin esperanza si tuviésemos que hacer el trabajo. La naturaleza nunca podrá superar a la misma naturaleza, ni siquiera con la ayuda de la gracia. El ego jamás podrá arrojar al ego, ni siquiera en el hombre regenerado. ¡Alabemos a Dios! El trabajo ya se hizo, ya se terminó, y ya se perfeccionó para siempre. La muerte de Jesús, es de una vez y para siempre, nuestra muerte al ego. Y la ascensión de Jesús, Su entrada de una vez y para siempre en el Santísimo, nos ha dado el Espíritu Santo, para comunicarnos su poder, y hacer verdaderamente nuestro, el poder de la muerte-vida.

Como el alma en la búsqueda y práctica de la humildad, sigue en los pasos de Jesús, su consciencia se despierta a la necesidad de algo más, se apresura su deseo y su esperanza, su fe es reforzada, y aprende a mirar, pedir, y recibir la verdadera plenitud del Espíritu de Jesús, el cual puede diariamente mantener Su muerte al ego y al pecado en su poder total, y hacer de la humildad, el espíritu de nuestra vida que todo lo penetra, (Ver Nota C del Autor)."¿O no sabéis que todos los que hemos sido bautizados en Cristo Jesús, *hemos sido bautizados en su muerte?*"[87] Así también vosotros *consideraos muertos al pecado, pero vivos para Dios en Cristo Jesús, nuestro Señor.*[88] Preséntate ante Dios, *como con vida de la muerte.* La conciencia completa del cristiano debe de estar imbuida y caracterizada por el espíritu que anima la muerte de Cristo. El cristiano tiene que presentarse ante Dios como uno que ha muerto en Cristo, y en Cristo está vivo desde la muerte, llevando en su cuerpo la muerte del Señor Jesús. Su vida por siempre lleva la marca dos veces; Sus raíces sumergidas en verdadera humildad, profundas dentro de la tumba de Jesús, la muerte del pecado y del ego; su cabeza alzada en el poder de la resurrección hacia el cielo donde esta Jesús.

Creyente, pide en fe, la muerte y la vida de Jesús como tuyas. Entra en Su tumba en el descanso del ego y de sus trabajos, el descanso de Dios. Entra en la tumba con Cristo, quien encomendó Su espíritu en las manos del Padre, se humilde y desciende cada día, sabiéndote perfectamente impotente, y dependiendo así totalmente de Dios. El Señor te levantará y te exaltará. Sumérgete cada mañana en la profunda e insondable nada dentro de la tumba de Jesús; cada día, la vida de Jesús se manifestara en ti. Deja que una humildad bien dispuesta, amorosa, sosegada, y feliz, sea la marca que tú en verdad has demandado como derecho de nacimiento, el bautizo en la muerte de Jesús Cristo. "Porque con una sola ofrenda hizo perfectos para siempre a los santificados."[89]

Las almas que han entrado dentro de *Su* humillación encontraron en Jesús, poder para ver y contar al ego muerto; ellos han aprendido y recibido de Jesús, para caminar con Jesús con toda humildad y mansedumbre, — soportándose unos a otros en amor. La muerte-vida es vista desde una mansedumbre y humildad semejante a la de Cristo.

CAPÍTULO 11

HUMILDAD Y FELICIDAD

"Y me ha dicho: Bástate mi gracia; porque mi poder se perfecciona en la debilidad. Por tanto, de buena gana me gloriaré más bien en mis debilidades, para que repose sobre mí el poder de Cristo. Por lo cual, por amor a Cristo me gozo en las debilidades, en afrentas, en necesidades, en persecuciones, en angustias; porque cuando soy débil, entonces soy fuerte,"

—2 Corintios 12:9-10—

Para que Pablo no se exaltara a sí mismo, debido a la grandeza extrema de las revelaciones, le fue enviada una espina en la carne para mantenerlo humilde. El primer deseo de Pablo era que le fuese removida, y él le rogó al Señor tres veces que se la quitará. La respuesta fue que la prueba era una bendición; que en la debilidad y la humillación que le traía, la gracia y la fuerza de Dios pudieran manifestarse mejor.[90] Pablo de una vez, entró en una nueva etapa en su relación con la prueba: en vez de simplemente aguantarla, *él de lo más contento se glorió en la prueba*; en vez de pedir liberación, *él se gozó en la prueba*. Pablo aprendió que el lugar de humillación es el lugar de bendición, de poder, y de alegría.

Cada cristiano, virtualmente, pasa a través de estas dos etapas en su búsqueda de la humildad. En la primera, él tiene miedo y huye y busca la liberación de todo aquello que pueda hacerlo humilde. Todavía no ha aprendido este cristiano el buscar ser humilde a toda costa. Este cristiano ha aceptado el mandato de ser humilde, y busca obedecer a Dios, aunque sea solamente para encontrar que ha fallado totalmente; él ora para obtener humildad, a veces fervientemente, pero en lo secreto de su corazón él ora más, si no en palabra, si en deseo, de ser apartado de las cosas que en verdad lo harían humilde. Este cristiano no está todavía muy enamorado de la humildad como la belleza del Cordero de Dios, y la alegría del cielo, tanto que él vendería todo para procurarla.

En su búsqueda por la humildad, y su oración por ella, hay todavía una gran sensación de carga y de atadura. El humillarse a sí mismo, todavía no se ha convertido, para este cristiano, en la expresión espontanea de su vida, y en su naturaleza que es esencialmente humilde. La humildad no se ha convertido todavía en su alegría y único placer. Él todavía no puede decir de buena gana "me gloriaré más bien en mis debilidades, me gozo en lo que sea, que me haga realmente humilde." ¿Pero podemos tener esperanza de alcanzar la etapa en la cual este será el caso? Sin duda. ¿Y qué será lo que nos traerá ahí? Eso que trajo a Pablo ahí, —*una nueva revelación del Señor Jesús*. Nada más que la presencia de Dios puede revelar y expulsar el ego. Le fue dada al apóstol Pablo una percepción más clara de la profunda verdad, de que la presencia de Jesús Cristo desterrará todo deseo, de buscar cualquier otra cosa dentro de nosotros mismos, sino que nos hará deleitarnos en cada humillación, dándonos la preparación necesaria para la más completa manifestación de Dios.

Nuestras humillaciones nos llevan a experimentar la presencia y poder de Jesús Cristo, si de verdad escogemos a la humildad como la mayor bienaventuranza. Debemos tratar de aprender las lecciones que la historia de Pablo nos enseña. Puede que tengamos creyentes que están muy avanzados, maestros eminentes, personas que han tenido experiencias celestiales; también hay personas quienes no han aprendido completamente la lección de humildad perfecta, la lección de gloriarnos con gozo en nuestras debilidades. Nosotros vemos esto en Pablo. El peligro de exaltarse a sí mismo estaba siempre cercano. Él no sabía todavía perfectamente que es ser nada; morir para que Cristo viviera en él; disfrutar de todo lo que lo trajera a la humildad. Parece ser como si esto fuera la mayor lección que él tuviera que aprender, lleno de conformidad para con su Señor en ese vaciarse del ego, donde él se glorió en su debilidad, para que Dios lo fuera todo. La lección más importante que un creyente debe aprender es humildad. ¡O si en verdad, todo cristiano que busca avanzar en santidad pudiera recordar bien esto!

Puede ser que haya una consagración intensa, un celo ferviente y una experiencia celestial, y sin embargo, aún cuando el Señor especialmente interviene, puede ser que haya inconscientemente, una exaltación de uno mismo con todo. Aprendamos la lección, —la mayor santidad es la más profunda humildad; y recordemos que no viene por sí sola, sino solo como un mutuo asunto en el cual nuestro Señor, quien es fiel, interviene en unión con Su siervo fiel. Observemos nuestras vidas a la luz de esta experiencia, y observemos si con gozo real, nos gloriamos en nuestras debilidades, y si disfrutamos, como Pablo lo hizo, en las enfermedades, en las necesidades, en sufrimientos. Si, preguntémonos, si hemos aprendido a considerar un reproche, justo o injusto, un reproche de un amigo o enemigo, de enfermedades, o problemas, o dificultades, de las cuales otros son portadores; pero por sobre todas las cosas, esta es una oportunidad para probar como Jesús lo es todo en nosotros, como nuestro propio placer o nuestro honor son nada, y como la humildad es en verdad lo que disfrutamos. Es en verdad una bendición, la profunda felicidad del cielo, ser tan libre del ego que cualquier cosa que se diga de nosotros o que se nos haga, es desechada y engullida por el pensamiento de que Jesús lo es todo. Confiemos en Jesús Cristo, quien se hizo cargo de Pablo, también Él se hará cargo de nosotros.

Pablo necesitó de una disciplina especial, y con ella, de una instrucción especial, para aprender que era lo más precioso, aún las cosas más indecibles que Pablo había escuchado en el cielo, —lo que es gloriarse en debilidades y humildad. Nosotros necesitamos de esta disciplina también. ¡Ay! ¡Tanto en verdad! Él que cuidó de Pablo cuidara de nosotros también. La escuela en la cual Jesús enseñó a Pablo es nuestra escuela también. Jesús vela por nosotros, con celo y amoroso cuidado, "no sea que nos exaltemos a nosotros mismos."

Cuando estamos aprendiendo en su escuela, Jesús quiere que nosotros descubramos el mal, y salvarnos. En dificultades, en debilidades y en problemas, Dios busca hacernos humildes, hasta que aprendamos que Su gracia lo es todo, y disfrutemos de las cosas que nos conducen a ser humildes y nos mantienen realmente humildes. El poder de Dios se perfecciona en nuestra debilidad, la presencia de Jesús nos llena y satisface nuestro vacío, y se convierte así en el secreto de una humildad que en verdad nunca falla.

La humildad puede decir con Pablo, en plena vista de lo que Dios trabaja en nosotros y a través de nosotros, "en nada he sido menos que aquellos grandes apóstoles, aunque nada soy."[91] Las humillaciones que el apóstol Pablo sufrió, le llevaron a una verdadera humildad, con su gozo maravilloso, y se glorió, y disfrutó en todo lo que hace humilde: "Por tanto, de buena gana me gloriaré más bien en mis debilidades, para que repose sobre mí el poder de Cristo; Por lo cual, me gozo en las debilidades."[92]

La persona humilde ha aprendido el secreto de permanecer en la alegría. Lo más humilde él se siente, lo más bajo él se sumerge, lo más grande parecen sus humillaciones, aún más, el poder y la presencia de Cristo son su porción, hasta que en tanto él dice, "yo soy nada," la palabra de su Señor Jesús lo conduce a una constante y más profunda alegría: "Bástate mi gracia." Siento que debiera una vez más, juntar todo en dos lecciones: el peligro del orgullo es más grande y está más cerca de nosotros de lo que pensamos, y la gracia de la humildad también.

El peligro del orgullo es más grande y está más cercano de lo que pensamos, y esto es especialmente cierto en el momento de nuestras experiencias más importantes. El predicador de la verdad espiritual, con una congregación que lo admira, y está al pendiente de las palabras que salen de sus labios, el orador talentoso en una plataforma de Santidad exponiendo los secretos de la vida celestial, el cristiano dando testimonio de una bendita experiencia, el evangelista moviéndose como en triunfo, y dando la bendición a una multitud que se regocija. Ningún hombre conoce el peligro secreto e inconsciente al cual se está expuesto. Pablo estaba en peligro sin saberlo: lo que Jesús Cristo hizo por él está escrito como nuestra admonición, para que podamos conocer nuestro peligro y saber nuestra única seguridad. Si alguna vez se ha dicho de un maestro o profesor de santidad, —él está muy lleno de sí mismo, o él no practica lo que predica, o su bendición no lo ha hecho más humilde o más amable, —no se diga más. Jesús, en quien confiamos, nos puede hacer humildes.

Si, la gracia de la humildad es más grande y está más cercana también de lo que pensamos. La humildad de Jesús es nuestra salvación. Jesús mismo es nuestra humildad, la cual es Su cuidado, y es Su trabajo. Su gracia es suficiente para nosotros, para también satisfacer la tentación de ser orgullosos. Escojamos ser débiles, ser humildes, ser nada. Dejemos que la humildad sea para nosotros alegría y contento. Gozosamente gloriémonos y disfrutemos en la debilidad, en todo lo que nos pueda hacer humildes y mantenernos humildes; el poder de Cristo reposará en nosotros. Cristo se humilló a sí mismo, y por lo tanto Dios Padre lo exaltó. Jesús Cristo nos hará humildes, y nos mantendrá humildes; debemos consentir de corazón, aceptemos con toda confianza y jubilo todo lo que nos hace humildes; el poder de Cristo reposará en nosotros. Descubramos que la más profunda humildad es el secreto de la verdadera felicidad, de una alegría que nada puede destruir.

CAPÍTULO 12

HUMILDAD Y EXALTACIÓN

"El que se humilla, será enaltecido."—Lucas 14:11; 18:14.[93] "Dios da gracia a los humildes. Humillaos delante del Señor, y él os exaltará."—Santiago 4:6,10.[94] "Humillaos, pues, bajo la poderosa mano de Dios, para que él os exalte cuando fuere tiempo,"—1 Pedro 5:6—.

Apenas ayer, se me hizo esta pregunta: ¿Cómo debo conquistar al orgullo? La respuesta fue simple: Dos cosas son necesarias, haz lo que Dios dice que es tu trabajo: se humilde. Confía en Él para hacer lo que Él dice que es Su trabajo: Él te exaltará. El mandamiento está claro: se humilde. Eso no significa que es tu trabajo conquistar y arrojar al orgullo de tu naturaleza, y formar dentro de ti la humildad del santo Jesús. No, este es el trabajo de Dios; la verdadera esencia de esa exaltación, desde donde Él te levanta dentro de la imagen real del Hijo amado.

Lo que el mandamiento significa es esto: toma toda oportunidad de ser humilde ante Dios y los hombres. Con la fe de que la gracia ya está trabajando en ti, en la certeza de obtener más gracia para la victoria que viene, a la luz de la conciencia que cada vez más Jesús ilumina sobre el orgullo del corazón y sus trabajos; y muy a pesar de que todo ahí, pueda ser falta y falla, y que permanece persistentemente, bajo el mandamiento inmutable: Se humilde. Acepta con gratitud todo lo que Dios permita dentro de ti o fuera de ti, de amigo o enemigo, en la naturaleza o en la gracia, para recordarte de tu necesidad de ser humilde, y ayudarte a ello. Considera que la humildad es en verdad la virtud-madre, tu primer deber ante Dios, la única salvaguarda de tu alma, y pon en tu corazón la humildad, la fuente de toda bendición.

La promesa es divina y segura: el que se humilla será exaltado. Haz la única cosa que Él nos ha pedido: Se humilde. Dios se encargará de hacer la única cosa que Él ha prometido: Él te dará más gracia; Él te exaltará a su debido tiempo. Todos los propósitos de Dios con el ser humano, se caracterizan por dos etapas: Primeramente, hay un tiempo de preparación, cuando el mandamiento y la promesa, mezclados con la experiencia, esfuerzo, e impotencia, con fallas, y con éxitos parciales, con la santa expectación de algo mejor; estos son los instrumentos con los cuales los hombres despiertan, con ellos se entrenan y se disciplinan para una etapa más elevada. Entonces, viene una segunda etapa: el tiempo del cumplimiento, cuando la fe ha heredado la promesa, y disfruta de lo que tanto ha luchado en vano.

Esta ley es así, en cada etapa de la vida cristiana, y en la búsqueda de cualquier virtud por separado. Esta ley tiene su fundamento en la verdadera naturaleza de las cosas. En todo lo que concierne a nuestra redención, Dios debe por necesidad tomar la iniciativa. Cuando esto se ha hecho así, viene el turno de la persona. En el esfuerzo después de la obediencia y del logro, la persona debe aprender a conocer su impotencia, y su desesperación en morir a sí mismo, y así debe la persona dejarse moldear voluntaria, e inteligentemente, para recibir de Dios, el final de aquello, que es la culminación de eso que la persona ha aceptado en el principio en ignorancia. Así es que Dios, quien ha sido el Principio, antes de que el ser humano en verdad conociera a Dios, o plenamente entendiera cual era el propósito de Dios, se anhela y es bienvenido como el Final, como el Todo en Todo. Es así también, en la búsqueda de la humildad. A cada cristiano el mandamiento le viene del trono de Dios Mismo: Se humilde. El intento hecho con seriedad, de escuchar y obedecer será recompensado, —¡Sí, recompensado! —con el doloroso descubrimiento de dos cosas: primeramente, cuán profundo es el orgullo, que se resiste a darse cuenta como es uno mismo, y que es reacio a ser considerado nada, de someterse absolutamente a Dios, quien estaba ahí con nosotros, y que uno nunca conoció por el orgullo. Finalmente, es la absoluta impotencia que hay en todos nuestros esfuerzos, y también en todas nuestras oraciones, pidiéndole ayuda también a Dios para destruir al odioso monstruo del orgullo.

Bienaventurado es el hombre quien ha aprendido a poner su esperanza en Dios, y ha perseverado en actos de humildad ante Dios y ante los hombres, a pesar de todo el poder del orgullo dentro de él. Nosotros conocemos la ley de la naturaleza humana: las acciones producen hábitos, los hábitos alimentan disposiciones; las disposiciones forman la voluntad, y la voluntad formada con rectitud, es carácter. No es diferente con el trabajo de la gracia. Como nuestras acciones persistentemente se repiten, engendran hábitos y disposiciones, y estas refuerzan la voluntad.

Es Dios nuestro Señor, conjuntamente con Su gran poder y Espíritu, quien trabaja en la voluntad y en el hacer, trabajando en la humillación del corazón orgulloso, con la cual, el santo penitente se arroja así mismo ante Dios, siendo recompensado con la "más grande gracia" de un corazón humilde. El Espíritu de Jesús ha conquistado al corazón humilde, trayendo la nueva naturaleza a su madurez; y Él, el Dios Uno, humilde y manso, ahora habita en este cristiano para siempre. Humíllense a sí mismos, a la vista del Señor y Él los exaltará. ¿Y en qué consiste la exaltación? La más alta gloria de la creatura es en ser solo un vaso, para recibir y disfrutar, y manifestar la Gloria de Dios. Solo puede hacer esto, queriendo ser nada en sí mismo, para que Dios lo sea todo. El agua siempre llena primero los lugares más bajos. Lo más bajo, lo más vacío la persona yace ante Dios, con la mayor rapidez y plenitud será el influjo de la divina gloria. La exaltación de las promesas de Dios no es, no puede ser, ninguna cosa externa aparte de Dios Mismo: Todo lo que Dios nos tiene que dar o que puede darnos es solo más de Él mismo, para tomar una posesión más completa.

La exaltación no se nos da como en el caso de un premio terreno, algo arbitrario, que no está necesariamente conectado con una conducta que requiera recompensa; sino la exaltación es, en su misma naturaleza, el efecto y resultado de ser humildes. La exaltación es el regalo de la humildad divina, habitando en nosotros, conformándonos a la imagen de Dios, y nos da en posesión la humildad del Cordero de Dios, tal como Él nos la da a cada uno, para recibir plenamente a Dios viviendo en nosotros. El que se humilla a sí mismo será exaltado. De la verdad de estas palabras Jesús mismo es la prueba; de la certeza de su cumplimiento para nosotros, Él es la garantía. Llevemos su yugo sobre nosotros y aprendamos de Jesús, porque Él es manso y humilde de corazón. Si nosotros somos humildes y mansos, y usando nuestra voluntad nos inclinamos ante Jesús, tal como Él bajo a nuestro nivel, entonces Jesús también bajará a nuestro nivel otra vez, y nosotros nos encontraremos en igualdad de yugo con Él.

Al entrar más profundamente en el compañerismo de la humildad de Jesús, y ya sea, que nos humillemos a nosotros mismos, o que sobrellevemos la humillación de los hombres, nosotros podemos contar con el Espíritu de Su exaltación, "el Espíritu Santo de Dios y de Su Gloria" descansará en nosotros. La presencia y el poder de nuestro Señor Jesús Cristo glorificado vendrán a aquellos que son de espíritu humilde. Cuando Dios pueda otra vez tener su legítimo lugar en nosotros, Él nos levantará. Has de Su gloria tu cuidado, siendo humilde; Dios cuidará de tu gloria, perfeccionando tu humildad, y soplando en ti la vida eterna, el verdadero Espíritu de Su Hijo. Es la vida de Dios la que todo lo permea al poseer a la persona, y por ello no habrá nada tan natural, ni tampoco nada tan dulce, como ser nada, ni siquiera un pensamiento o deseo del ego, porque todo está ocupado con Dios, quien lo llena todo. "Por tanto, de buena gana me gloriaré más bien en mis debilidades, para que repose sobre mí el poder de Cristo."[95]

Hermano, ¿no tenemos aquí la razón por la que nuestra consagración y nuestra fe han logrado tan poco en la búsqueda de la santidad? Fue por el ego y su fuerza, que el trabajo fue hecho en el nombre de la fe; fue por el yo, y su felicidad, que Dios fue llamado; fue inconscientemente, y aún así, en el yo y en su santidad, que el alma se regocijaba. Nosotros nunca supimos que la humildad, absoluta, permanente, humildad como la de Jesús Cristo, y el anularse a sí mismo, permeando y marcando toda nuestra vida con Dios y con el hombre, era el elemento más esencial de la vida de santidad que buscábamos. Es solo en la posesión de Dios, que me pierdo a mí mismo. Así como es en lo alto y ancho, y en la gloria de la iluminación del sol, que la poca cosa que es la mota, es vista jugando con sus rayos; aun así, la humildad es el tomar nuestro lugar en la presencia de Dios para ser nada, pero una mota, viviendo en la luz del sol de Su amor.

"¡Cuán grande es Dios y cuan pequeño soy yo!

¡Perdido, engullido, en la inmensidad del Amor!

¡Dios solo ahí, no yo!"

Quiera Dios enseñarnos a creer que ser humilde, ser nada en su presencia, es el logro más grande, y nuestra bendición más plena en la vida cristiana. Él nos habló a nosotros: "Yo habito en las alturas y la santidad, y con el quebrantado y humilde de espíritu, para hacer vivir el espíritu de los humildes, y para vivificar el corazón de los quebrantados."[96] ¡Sea esta nuestra porción!

"O ser más vacío, más humilde,

quiere decir, inadvertido, y desconocido,

y para Dios, un vaso más santo

¡Lleno con Cristo, y solo en Cristo!"

NOTAS DEL AUTOR

Nota A. —"Todo esto para hacernos saber que a través de la región de la eternidad, el orgullo puede degradar a los más poderosos ángeles y convertirlos en demonios, y la humildad alzar la carne caída y la sangre a los tronos de los ángeles. Así es que Dios, en este gran final, levantará una nueva creación del reino de ángeles caídos; para este fin, se encuentra en un estado de guerra entre el fuego y el orgullo de los ángeles caídos, y la humildad del Cordero de Dios, para que la última trompeta pueda resonar con la gran verdad, a través de las profundidades de la eternidad, que la maldad pueda no tener principio, pero del orgullo, y no tenga final, pero de la humildad. La verdad es esta: El orgullo debe morir en ti, o nada del cielo puede vivir en ti. Bajo la bandera de la verdad, hay que darse a sí mismo a la mansedumbre y al espíritu humilde del Santo Jesús. La humildad debe sembrar la semilla, o no puede haber cosecha en el cielo. Mira no al orgullo solamente como un temperamento inapropiado, ni a la humildad solo como una virtud decente; porque la una es muerte, y la otra es vida; la una es todo infierno, y la otra es todo cielo. Tanto como tú tengas de orgullo dentro de ti, tú tienes del ángel caído vivo en ti; tanto como tú tengas humildad, tú tienes del Cordero de Dios dentro de ti. Puedes ver lo que cada agitación del orgullo le hace a tú alma, tú rogarías con todo lo que tengas dentro de ti, arrancar de ti la serpiente, aunque se pierda una mano o un ojo. Puedes ver que poder tan dulce, divino, transformador hay en la humildad, como expulsa el veneno de tu naturaleza, y hace espacio para que el Espíritu de Dios viva en ti; tú en verdad desearías ser el escabel de todo el mundo, que querer el menor puesto en el mundo." —*Spirit of Prayer*, Pt. II. p. 73, Edition of Moreton, Canterbury, 1893.

Nota B. —"Necesitamos saber dos cosas: 1. Que nuestra salvación consiste enteramente en ser salvados de nosotros mismos, o de lo que somos por naturaleza; 2. Que en la absoluta naturaleza de todas las cosas, nada puede ser esta salvación o salvador para nosotros sino tal humildad de Dios que va más allá de toda expresión. De aquí, el primer mandamiento inquebrantable del Salvador para el hombre caído: "Y cualquiera que no lleva su cruz, y viene en pos de mí, no puede ser mi discípulo," (Lucas 14:27). El ego es la maldad entera del hombre caído: negarse a sí mismo es nuestra capacidad de ser salvado; la humildad es nuestro salvador.... El ego es la raíz, las ramas, el árbol, de toda la maldad de nuestro estado caído. Todas las maldades de los ángeles caídos y de la humanidad nacen en el orgullo del ego. Por otra parte, todas las virtudes de la vida en el cielo, son las virtudes que provienen de la humildad. Es la humildad sola la que hace el abismo infranqueable entre el cielo y el infierno. ¿Qué es entonces, o en que se encuentra la gran lucha por la vida eterna? Todo yace en la lucha entre el *orgullo* y la *humildad*: El orgullo y la humildad son las dos potencias maestras, los dos reinos en lucha por la posesión eterna de la persona. Nunca hubo, ni nunca habrá, sino una humildad, y esta es la humildad de Cristo. El orgullo y el ego tienen del todo al hombre hasta que el hombre tiene su todo de Cristo. Él hombre, por lo tanto, solo lucha la buena batalla cuya disputa es aquella de la naturaleza idolátrica del ego, la cual él adquirió de Adán, para que pudiera ser llevada a la muerte por la humildad supernatural de Cristo, ser traída a la vida en él." —W. Law, *Address to the Clergy*, p.52 [Yo espero que este libro sobre el Espíritu Santo pueda ser publicado por mi editor en el curso del año]

Nota C. —"Morir a sí mismo, o dejar el poder del ego, no se puede hacer por ninguna resistencia activa que queramos hacer con los poderes de la naturaleza. La única verdadera manera de morir a sí mismo es por el camino de la *paciencia, de la mansedumbre, humildad y resignación a Dios*. Por lo tanto no se debe decir que el deseo y la fe de estas virtudes es una entrega a Jesús Cristo, sino es en verdad renunciar a todo lo que se es, y a todo lo que se tiene con el Adán caído, es un rendirse a Él y en la perfección de la fe en Él. Y entonces, por esta inclinación que tiene tú corazón, para sumergirse en *paciencia, en mansedumbre, en humildad, y en resignación* a Dios, y con perfección dejar todo lo que se tiene para seguir a Cristo, es tu acto más grande de fe en Él. Jesús Cristo no está en ninguna parte que no sea en estas virtudes, cuando ellas están ahí, Él está en Su propio reino. Permite que sea este el Jesús Cristo que tú sigues. El Espíritu de amor divino puede no nacer en la creatura caída, sino hasta que la creatura escoge morir del todo al ego, en una resignación que es paciente, y humilde al poder y la misericordia de Dios. "Yo busco para toda mi salvación a través de los méritos y mediación del *manso, humilde, paciente, y sufrido Cordero de Dios*, solo Él tiene el poder de dar paso al bendito nacimiento de estas virtudes celestiales en mi alma. No hay posibilidad de salvación sino en Él y por el nacimiento de la *mansedumbre, humildad, paciencia, y resignación* del *Cordero de Dios* en nuestras almas. Cuando el Cordero de Dios, Jesús, ha dado a luz a un nacimiento real de Su propia mansedumbre, humildad, y total resignación a Dios en nuestras almas, entonces es el nacimiento del Espíritu de amor en nuestras almas, que cuando lo alcanzamos, alimentará en abundancia nuestras almas con tal paz de Dios y con alegría en Jesús, que borrará completamente la remembranza de lo que llamamos antes paz y alegría. Este camino a Dios es en verdad, infalible. Esta infalibilidad está asentada en el doble carácter de nuestro Salvador: 1. Como Él es el cordero de Dios, un principio de toda la mansedumbre y humildad en el alma; 2. Como Él es la Luz del cielo, y bendice la naturaleza eterna, y la convierte en el reino del cielo, cuando nosotros deseamos descansar nuestras almas en la mansedumbre, y humilde resignación a Dios, entonces es que Él, como la Luz de Dios y el cielo, alegremente irrumpe en nosotros, convierte nuestra oscuridad en luz, y empieza ese reino de Dios y de amor dentro de nosotros, el cual es eterno." —Ver: *Wholy for God*, pp.84-102. [El pasaje entero merece un estudio cuidadoso, mostrando con mayor realce como el sumergirse continuamente en la humildad ante Dios nuestro Señor es de parte de la persona, la única manera de morir a sí mismo]."[97]

Nota D. — *Un Secreto de Secretos: Humildad: El Alma de la Verdadera Oración.* "Hasta que el espíritu del corazón sea renovado, hasta que se vacíe de todos los deseos terrenos, y se mantenga con habitual hambre y sed de Dios, lo cual es el verdadero espíritu de oración; hasta entonces, toda nuestra oración será más o menos, en demasía, como las lecciones que dan los eruditos; y debemos mencionarles, solo porque no nos atrevemos a descuidarlos. Pero no hay que perder el valor; toma el siguiente consejo, y entonces podrás ir a la iglesia sin ningún peligro de mera labor de labios o hipocresía, aunque debe de haber un himno u oración, cuyo lenguaje es más alto que aquel de tu corazón. Haz esto: ve a la iglesia como el publicano iba al templo; mantente introspectivo en el espíritu de tu mente, en esa forma que el publicano se expresó, cuando cerró sus ojos y acertó solamente a decir, "Dios se misericordioso conmigo, un pecador." Mantente firme, sin cambiar, al menos en tu deseo, en esta forma o estado del corazón; ese espíritu de humildad santificará cada petición que venga de tu boca; y cuando cualquier cosa sea leída, o cantada, o en oración, que el espíritu del publicano alabe mejor que tu corazón. Si tú haces de esto una ocasión de sumergirte más allá, en el espíritu del publicano, entonces tendrás ayuda divina, y serás grandemente bendecido, por aquellas oraciones y alabanzas las cuales parecen solo pertenecer a un corazón que es mejor que el tuyo. Esto, mi amigo, es un secreto de secretos; te ayudara a cosechar donde no has sembrado, y será una continua fuente de gracia en tu alma; porque todo lo que te mueve por dentro, o por fuera que te sucede a ti, se convierte en un bien real para ti, si encuentra o estimula en ti este humilde estado de la mente. Porque nada es en vano, o sin beneficio para el *alma humilde*; el alma se mantiene siempre en un estado de crecimiento divino; todo lo que cae en el alma, es como el rocío del cielo. Mantente en silencio en esta *forma de humildad*; todo el bien está encerrado en el alma; el bien es agua del cielo, que convierte el fuego del alma caída en la mansedumbre de la vida divina, y crea ese aceite, del cual el amor a Dios y a nuestro prójimo adquiere su flama. Enciérrate, por lo tanto, siempre en el amor de Dios; que sea un vestido con el que tú siempre te cubres, y un faja con la cual estas ceñido; respira nada pero en y de su espíritu; ve nada que no sea con sus ojos; oye nada que no sea con sus oídos. Y entonces, ya sea que estés en la iglesia o fuera de la iglesia, oyendo las alabanzas a Dios o recibiendo la maldad de las personas y el mundo, todo será edificación, y todo ayudará a tu crecimiento en la vida de Dios." —*The Spirit of Prayer*, Pt. II. p. 121

UNA ORACIÓN PARA SER HUMILDE

Yo aquí te doy una piedra de toque infalible que probará toda la verdad. Esto es: retírate del mundo y de toda conversación, solo por un mes; no escribas, no leas, no debatas nada contigo mismo; Detén todos los trabajos anteriores de tu corazón y de tu mente: y ya con toda la fuerza que tiene tu corazón, mantente todo el mes, tan continuamente como puedas, en la siguiente forma de oración a Dios. Ofrécela frecuentemente arrodillado; pero ya sea sentado, caminando o parado, está siempre por dentro anhelando, y fervientemente orando esta oración a Dios:

"Que de su gran bondad Dios te haga conocer, y tomar de tu corazón, *toda clase, forma y condición de Orgullo*, ya sea de espíritu de maldad, o de tu propia naturaleza corrupta; y que Él despierte en ti *la máxima profundidad y verdad de esa Humildad*, la cual puede hacerte capaz de recibir Su luz y Santo Espíritu."

Rechaza cada pensamiento, que no sea el esperar y orar en este asunto desde lo profundo de tu corazón, con tal verdad y deseo, como la gente en tormento desea orar y ser librado de él. . . . Si tu puedes y te das a ti mismo en verdad y sinceridad a este espíritu de oración, yo me aventuro a afirmar que, aun si tú tienes más del doble de los espíritus malignos en ti de los que María Magdalena tenía, todos serán arrojados de ti, y te sentirás forzado con ella a llorar lágrimas de amor a los pies del Santo Jesús.

BIBLIOGRAFÍA Y NOTAS

[1] Murray, Andrew. Capítulo: "Humildad, la Gloria de la Creatura," en el libro "Humildad, la Belleza de la Santidad." Libro escrito por el Rvdo. Andrew Murray.

[2] Murray, Andrew. Capítulos 1-4: "Humildad, la Gloria de la Creatura," "El Secreto de la Redención," "La Humildad en la Vida de Jesús," "La Humildad en las Enseñanzas de Jesús," en el libro *Humildad, la Belleza de la Santidad.* Libro escrito por el Rvdo. Andrew Murray.

[3] Ibíd.

[4] Murray, Andrew. Capítulo 5: "La Humildad en los Discípulos de Jesús." En el libro: 'Humildad, la Belleza de la Santidad.' Libro escrito por el Rvdo. Andrew Murray.

[5] Se utiliza la Biblia Reina-Valera 1960, como principal referencia en la traducción de este libro.

[6] Murray, Andrew. Capítulo 6: "La Humildad en el Diario Vivir." en 'Humildad: La Belleza de la Santidad.'

[7] Murray, Andrew. Capítulo 7: "Humildad y Santidad," en 'Humildad: La Belleza de la Santidad.'

[8] Murray, Andrew. Capítulo 8" "Humildad y Pecado," en 'Humildad: La Belleza de la Santidad.'

[9] Murray, Andrew. Capítulo 9: "Humildad y Fe," en 'Humildad: La Belleza de la Santidad.'

[10] Murray, Andrew. Capítulo 10: "Humildad y la Muerte del Ego;" en 'Humildad: La Belleza de la Santidad.'

[11] Murray, Andrew. Capítulo 11: "Humildad y la Felicidad" en 'Humildad: La Belleza de la Santidad.'

[12] Murray, Andrew. Capítulo 12: "Humildad y Exaltación" en 'Humildad: La Belleza de la Santidad.'

[13] "Sino que se despojó a sí mismo, tomando forma de siervo, hecho semejante a los hombres," (Filipenses 2:7).

[14] En esta traducción se añadieron los versículos Bíblicos completos cuando son parafraseados por el Rvdo. Murray, o cuando no se dio la cita bíblica. Al final del texto se ponen las notas A-D, del Rvdo. Murray tal y como él lo hizo en la versión original. El editor dejó en mayúsculas las palabras que el Rvdo. Murray originalmente escribió así, para enfatizar su reverencia y respeto a

Dios y a su hijo Jesús Cristo. Cuando la palabra Dios no se menciona sino Él o Su, el Rvdo. Murray escribe con mayúscula la primera letra para hacernos saber que habla de Dios, o de la pertenencia de Dios.

[15] Mateo 20:27.

[16] "Él es el esplendor de su gloria y la imagen de su esencia, y sustenta todas las cosas con el poder de su palabra. Y Él, habiendo llevado a cabo en su persona la limpieza de nuestros pecados, se sentó a la diestra de la Majestad en las alturas," (Hebreos 1:3).

[17]"Porque convenía a Aquél en cuya mano está todo, y por cuya causa es todo, perfeccionar mediante el sufrimiento al Príncipe de la salvación de ellos, para llevar muchos hijos a la gloria," (Hebreos 2:10).

[18] Notas A, B, C, y D, se encuentran al final del último capítulo en el mismo orden del manuscrito original del Rvdo. Murray.

[19] Filipenses 2:8. El Rvdo. Murray hace referencia en este capítulo a la Carta de los Filipenses. He aquí algunos versos que muestran la humildad de Jesús: "Quien siendo a la imagen de Dios no consideró el aferrarse a ella, siendo que es igual a Dios, sino que despojándose a sí mismo, tomó la semejanza de un siervo, y fue semejante a los hombres, y hallándose en la semejanza de hombre, se humilló a sí mismo, siendo obediente hasta la muerte, y muerte de cruz, por lo cual también Dios lo exaltó hasta lo sumo y le dio un Nombre más excelente que todos los nombres, para que toda rodilla se doble en el nombre de Jesús, tanto de los que están en los cielos y en la Tierra, como de los que están debajo de la tierra, y toda lengua confiese que Jesucristo es el Señor, para gloria de Dios su Padre," (Filipenses 2:6-11).

[20] "Por tanto, tal como han recibido a Jesucristo nuestro Señor, así condúzcanse en Él, afirmando sus raíces y siendo edificados en Él, establecidos en la fe que han aprendido y abundado en ella con acción de gracias," (Colosenses 2:6-7).

[21] La cabeza es Cristo y el cuerpo, son los cristianos que constituyen la Iglesia. El Rvdo. Murray pasa del negativo, no estando unidos en Colosenses 2:19, al positivo estando unidos a la Cabeza que es Cristo.

Nos dice el Rvdo. Murray, que nos debemos someter a Cristo, que es la Cabeza del cuerpo, esto es, la Iglesia de Dios, formada por todos los cristianos. El contexto puede verse más fácilmente revisando los versículos 18-19 del segundo capítulo de la Carta a los Colosenses: "Nadie os prive de vuestro premio, afectando humildad y culto a los ángeles, entremetiéndose en lo que no ha visto, vanamente hinchado por su propia mente carnal, y no asiéndose de la Cabeza, en virtud de quien todo el cuerpo, nutriéndose y uniéndose por las coyunturas y ligamentos, crece con el crecimiento que da Dios," (Colosenses 2:18-19).

[22] Del griego CRISTOS cuyo significado es "ungido." En hebreo es Mesías, el "Salvador" *Tuggy, Alfred E. Dictionary.*

[23] "Y estando en la condición de hombre, se humilló a sí mismo, haciéndose obediente hasta la muerte, y muerte de cruz," (Filipenses 2:8).

[24] "Por lo cual Dios también le exaltó hasta lo sumo, y le dio un nombre que es sobre todo nombre," (Filipenses 2:9).

[25] "Porque cualquiera que se enaltece será humillado; y el que se humilla, será enaltecido," (Lucas 14:11).

[26]"Y estando en la condición de hombre, se humilló a sí mismo, haciéndose obediente hasta la muerte, y muerte de cruz. Por lo cual Dios también le exaltó hasta lo sumo, y le dio un nombre que es sobre todo nombre," (Filipenses 2:8-9).

[27] Mateo 5:3-5.

[28] Mateo 11:29.

[29] Mateo 18:4. Para entender mejor el pasaje que el Rvdo. Murray cita, vale la pena leer todo el capítulo, pero en especial los referentes a la humildad del niño: Mateo 18-2-4: "Y llamando Jesús a un niño, lo puso en medio de ellos, y dijo: De cierto os digo, que si no os volvéis y os hacéis como niños, no entraréis en el reino de los cielos. Así que, cualquiera que se humille como este niño, ése es el mayor en el reino de los cielos."

[30] Mateo 18:1b.

[31] Lucas 9:48b.

[32] "Entonces se le acercó la madre de los hijos de Zebedeo con sus hijos, postrándose ante él y pidiéndole algo. Él le dijo: ¿Qué quieres? Ella le dijo: Ordena que en tu reino se sienten estos dos hijos míos, el uno a tu derecha, y el otro a tu izquierda. Entonces Jesús respondiendo, dijo: No sabéis lo que pedís. ¿Podéis beber del vaso que yo he de beber, y ser bautizados con el bautismo con que yo soy bautizado? Y ellos le dijeron: Podemos. Él les dijo: A la verdad, de mi vaso beberéis, y con el bautismo con que yo soy bautizado, seréis bautizados; pero el sentaros a mi derecha y a mi izquierda, no es mío darlo, sino a aquellos para quienes está preparado por mi Padre," (Mateo 20:20-23).

[33] Mateo 20:27.

[34] Lucas 22:27.

[35] Nota del editor: Se refiere el Rvdo. Murray a vaciarse a sí mismo del orgullo, y de todo lo que nos estorba para dejar que Dios nos llene de Él.

[36] Lucas 22:24.

[37] Lucas 5:8.

[38] Mateo 14:23-33.

[39] Mateo 11:29.

[40] Mateo 20:28.

[41] Lucas 22:27.

[42] Juan 13:1-17.

[43] Lucas 22:24.

[44] El autor se refiere a Jesús.

[45] "Pero la ley se introdujo para que el pecado abundase; más cuando el pecado abundó, sobreabundó la gracia," (Romanos 5:20).

[46] Referencia a Hebreos 9:26.

[47] Sopló en ellos el Santo Espíritu: "Y habiendo dicho esto, sopló, y les dijo: Recibid el Espíritu Santo," (Juan 20:22).

[48] "Amaos los unos a los otros con amor fraternal; en cuanto a honra, prefiriéndoos los unos a los otros," (Romanos 12:10).

[49] Romanos 12:16.

[50] 1 Corintios 13.

[51] El Rvdo. Murray parafrasea 1 Corintios 13:4-5.

[52] Gálatas 5:13.

[53] Gálatas 5:26.

[54] Efesios 4:2.

[55] Efesios 5:20-21. El Rvdo. Murray parafrasea estos versículos. Sin embargo, se ha dado aquí la más exacta cita Bíblica. El Rvdo. Murray sustituye en la Carta a los Efesios 5:21 "en el temor de Dios," por "en el temor de Cristo."

[56] Filipenses 2:3.

[57] Filipenses 2:5-8.

[58] Colosenses 3:12-13.

[59] Romanos 12:10.

[60] Gálatas 5:13.

[61] Filipenses 2:3.

[62] Efesios 5:21.

[63] Colosenses 3:12.

⁶⁴ **NOTA DEL AUTOR:** "Yo sabía de Jesús, y "Él era precioso a mi alma: pero yo encontré algo en mí, que no se mantenía dulce, paciente y gentil. Yo hice lo que pude para suprimirlo, pero estaba ahí. Yo busque a Jesús para que hiciera algo por mí, y cuando le di mi voluntad, Él vino a mi corazón, y me quito todo lo que no era dulce, todo lo que no era gentil, y todo lo que no era paciente, y entonces cerró la puerta." —George Fox.

⁶⁵Job 1:6.

⁶⁶El Rvdo. Murray parafrasea Lucas 18:11: "El fariseo, puesto en pie, oraba consigo mismo de esta manera: Dios, te doy gracias porque no soy como los otros hombres, ladrones, injustos, adúlteros, ni aun como este publicano."

⁶⁷ **NOTA DEL AUTOR:** "El ego es el más personaje más demandante, requiriendo el mejor sitio y el lugar de más alto honor para sí mismo, y sintiéndose profundamente herido si no se le reconoce su reclamo. La mayoría de las discusiones entre trabajadores cristianos arriban por el clamor del gigante EGO. Cuan pocos son los que entienden el verdadero secreto de tomar nuestros asientos en las partes más bajas de las habitaciones." —Mrs. Smith, *Everyday Religion. (Todos los Días Religión)*.

⁶⁸ Isaías 65:5.

⁶⁹ Efesios 3:8.

⁷⁰ 1 Corintios 13:4-5: "El amor es sufrido, es benigno; el amor no tiene envidia, el amor no es jactancioso, no se envanece; no hace nada indebido, no busca lo suyo, no se irrita, no guarda rencor;"

⁷¹ Job 42:5-6: "De oídas te había oído; Mas ahora mis ojos te ven. Por tanto me aborrezco, y me arrepiento en polvo y ceniza." Isaías 6:5: "Entonces dije: ¡Ay de mí! Que soy muerto; porque siendo hombre inmundo de labios, y habitando en medio de pueblo que tiene labios inmundos, han visto mis ojos al Rey, Jehová de los ejércitos."

⁷² 1Timoteo 1:15: "Palabra fiel y digna de ser recibida por todos: que Cristo Jesús vino al mundo para salvar a los pecadores, de los cuales yo soy el primero."

⁷³ 1Corintios 15:9-10: "Porque yo soy el más pequeño de los apóstoles, que no soy digno de ser llamado apóstol, porque perseguí a la iglesia de Dios. Pero por la gracia de Dios soy lo que soy; y su gracia no ha sido en vano para conmigo, antes he trabajado más que todos ellos; pero no yo, sino la gracia de Dios conmigo."

⁷⁴ 1 Timoteo 1:15.

[75] Isaías 43:25: "Yo, yo soy el que borro tus rebeliones por amor de mí mismo, y no me acordaré de tus pecados."

[76] Romanos 7:18: "Y yo sé que en mí, esto es, en mi carne, no mora el bien; porque el querer el bien está en mí, pero no el hacerlo."

[77] Romanos 8:2.

[78] Romanos 5:20: "Pero la ley se introdujo para que el pecado abundase; más cuando el pecado abundó, sobreabundó la gracia."

[79] Isaías 2:11: "La altivez de los ojos del hombre será abatida, y la soberbia de los hombres será humillada; y Jehová solo será exaltado en aquel día."

[80] Mateo 8:8: "Respondió el centurión y dijo: Señor, no soy digno de que entres bajo mi techo; solamente di la palabra, y mi criado sanará."

[81] Mateo 8:10: "Al oírlo Jesús, se maravilló, y dijo a los que le seguían: De cierto os digo, que ni aun en Israel he hallado tanta fe."

[82] Mateo 15:28: "Entonces respondiendo Jesús, dijo: Oh mujer, grande es tu fe; hágase contigo como quieres. Y su hija fue sanada desde aquella hora."

[83] Mateo 15:27: "Y ella dijo: Sí Señor; pero aun los perrillos comen de las migajas que caen de la mesa de sus amos."

[84] El Rvdo. Murray crea esta hipérbole, o recurso literario para contrastar como vivir sin respirar, y ver sin los ojos es una imposibilidad, y llamar la atención del lector a la imposibilidad de allegarse o acercarse a Dios, o de vivir en su amor sin humildad y mansedumbre de corazón.

[85] Juan 5:44: "¿Cómo podéis vosotros creer, pues recibís gloria los unos de los otros, y no buscáis la gloria que viene del Dios único?"

[86] Filipenses 2:8: "Y estando en la condición de hombre, se humilló a sí mismo, haciéndose obediente hasta la muerte, y muerte de cruz."

[87] Romanos 6:3.

[88] Romanos 6:11.

[89] Hebreos 10:14.

[90] 2 Corintios 12:9: "Y me ha dicho: Bástate mi gracia; porque mi poder se perfecciona en la debilidad. Por tanto, de buena gana me gloriaré más bien en mis debilidades, para que repose sobre mí el poder de Cristo."

[91] 2 Corintios 12:11: "Me he hecho un necio al gloriarme; vosotros me obligasteis a ello, pues yo debía ser alabado por vosotros; porque en **nada he sido menos que aquellos grandes apóstoles, aunque nada soy.**"

[92] El Rvdo. Murray parafraseo solo en parte 2 Corintios 12:10: "Por lo cual, por amor a Cristo me gozo en las debilidades." El versículo completo dice: "Por lo cual, por amor a Cristo me gozo en las debilidades, en afrentas, en

necesidades, en persecuciones, en angustias; porque cuando soy débil, entonces soy fuerte."

[93] Lucas 14:11: "Porque cualquiera que se enaltece, será humillado; y el que se humilla, será enaltecido."

Lucas 18:14: "Os digo que éste descendió a su casa justificado antes que el otro; porque cualquiera que se enaltece, será humillado; y el que se humilla será enaltecido."

[94] Santiago 4:6: "Pero él da mayor gracia. Por esto dice: Dios resiste a los soberbios, y da gracia a los humildes."

Santiago 4:10: "Humillaos delante del Señor, y él os exaltará."

[95] 2 Corintios 12:9.

[96] Isaías 57:15.

[97] **NOTA DEL AUTOR**. El dialogo entero ha sido publicado separadamente bajo el título *Dying to Self: A Golden Dialogue*. El autor es William Law. Con Notas por A.M. (Nisbet & Co., 1s). Todo el que quiera estudiar y practicar la humildad encontrará en este dialogo dorado que es lo que le pone trabas a la humildad, como debemos librarnos de las trabas, y que es la bendición del Espíritu de Amor el cual le viene de Cristo, el manso y humilde Cordero de Dios.

ACERCA DE LA TRADUCTORA

Beatriz sintió el llamado de Dios para compartir el amor de Dios a través de sus libros. Ella tiene más de 40 años estudiando la Palabra de Dios y frecuentemente comparte el amor de Dios con cristianos y no cristianos por igual. Beatriz es una doctora en medicina retirada, quien además cursó la maestría en teología en la Universidad de Notre Dame, en South Bend, Indiana, Estados Unidos de Norteamérica, y también tiene una maestria de posgrado en Relaciones Internacionales, por la Universidad de Washington Saint Louis, en Missouri, Estados Unidos de Norteamérica. Beatriz disfruta de ayudar a otros a entender mejor la Biblia y cuidar de su familia. Ella se congrega con su familia en una Iglesia cristiana sin denominación en Maryland Highs, Missouri.

REDES SOCIALES

Beatriz comparte posters cristianos, oraciones, versos bíblicos y comentarios sobre la Biblia e historia del cristianismo en medios sociales como twitter, facebook y pinterest. Puedes hacer contacto con Beatriz y enterarte de nuevas publicaciones en su página de internet, o en los siguientes medios sociales:

La página de internet de Beatriz:
www.ancientchristianitypress.com

En Twitter:
@ChristianInst
https://twitter.com/ChristianInst

En Facebook:
https://www.facebook.com/AncientChristianity

En Pinterest:
https://www.pinterest.com/christianinst/

NUEVAS PUBLICACIONES

El Cariñoso e Infinito Amor de Dios
Dra. Beatriz Schiava
Editorial: Ancient Christianity Press
Fecha de Publicación: Septiembre 7, 2016.
Formatos: Libro electrónico (e-book), y libro impreso
Kindle, amazon.com, Apple, and many other companies.
Libro impreso: encuéntralo en cualquier lugar donde se vendan
libros y aún en las bibliotecas.
Para obtener más información, buscanos en nuestra página de
internet: www.ancientchristianitypress.com

The Caring and Infinite Love of God
Dr. Beatriz Schiava
Published on: September 5, 2016
Publisher House: Ancient Christianity Press
Publication Date: September 5, 2016.
Formats: e-book, and hard copy
Kindle, Apple, amazon.com etc.
In any bookstore, worldwide distribution.
For more information contact:
www.ancientchristianitypress.com

NOTAS

—

Made in the USA
Middletown, DE
07 October 2018